रामना पिटो

॥ श्रीराम ॥

॥ श्रीराम ॥

॥ श्रीराम ॥

॥ श्रीराम ॥

रामना पिटो

(गोंडी-रामकथासार)

कथासार

डॉ. हीरालाल शुक्ल

अनुवाद

पीलासाय पट्टावी

परामर्शदाता

गोरेलाल शुक्ल

श्यामलाल कालिया

ईशनारायण जोशी

लोकभारती प्रकाशन

लोकभारती प्रकाशन
पहली मंजिल, दरबारी बिल्डिंग, महात्मा गांधी मार्ग
प्रयागराज-211 001
वेबसाइट : www.lokbhartiprakashan.com
ईमेल : info@lokbhartiprakashan.com
शाखाएँ : 1-बी, नेताजी सुभाष मार्ग, दरियागंज
नई दिल्ली-110 002
अशोक राजपथ, साइंस कॉलेज के सामने
पटना-800 006
36 ए, शेक्सपियर सरणी, कोलकाता-700 017

पहला संस्करण : 2020

मूल्य : ₹400

सौजन्य : वन्या प्रकाशन

बी.के. ऑफसेट
नवीन शाहदरा
दिल्ली-110032 द्वारा मुद्रित

RAMANA PITO
by Dr. Hiralal Shukla
Translated by Pilasai Pattavi

ISBN : 978-81-8031-973-0

आभार

श्री रमन सिंह

मुख्यमंत्री, छत्तीसगढ़

और

श्री अजय चंद्राकर

मंत्री, संस्कृति, पर्यटन, पंचायत, ग्रामीण विकास एवं
संसदीय कार्य, छत्तीसगढ़

के प्रति, जिनकी विशेष रुचि एवं मार्गदर्शन के बिना
यह प्रकाशन संभव नहीं होता।

सम्पादकीय

(क) आदिवासी-बोलियों में रामचरितमानस का रूपन्तरण

गोस्वामी तुलसीदास की अमर रचना 'रामचरितमानस' का प्रभाव सर्वविदित है। 'मानस' की रचना के बाद अब तक चार सौ वर्ष बीत चुके हैं, किन्तु उसका शाश्वत सन्देश अभी तक आदिवासी-समाज तक नहीं पहुँच पाया। आदिवासी जगत् के सांस्कृतिक पुनरुत्थान तथा साक्षरता अभियान में रामकथा की अत्यन्त आवश्यकता है। कौन नहीं जानता कि रामायण का दो तिहाई से भी अधिक अंश वनभूमि व वनेचरों से सम्बद्ध है ?

यह सच है कि आदिवासियों की भौतिक समुन्नति के लिए नित्य अथक प्रयास किये गये हैं तथा उनके लिए नित्य नवीन योजनाएँ आरम्भ की जा रही हैं, किन्तु यह भी सच है कि उनकी आध्यात्मिक भूख को मिटाने की दिशा में अब तक कोई प्रयास नहीं किया गया। आदिवासियों को यदि वर्तमान हीनावस्था से उठाना है, तो हमें उनकी आध्यात्मिक समुन्नति करनी ही होगी। उन्हें जादू-टोना, तन्त्र-मन्त्र आदि के अन्धविश्वासों से मुक्त करना होगा। यह मुक्ति किसी शाश्वत साहित्य के माध्यम से ही हो सकती है। अलमारी की शोभा बढ़ाने वाला आदिवासी-साहित्य तो हमने बहुत लिखा, पर अब आवश्यक है कि ऐसा साहित्य लिखा जाए, जो उनका कल्याण कर सके। तुलसी-साहित्य के अतिरिक्त ऐसा कोई भी साहित्य नहीं दीखता, जिसके आदर्शों को आदिम जनमानस में प्रवेश कराया जाये, जिसकी

प्रकल्पना को आधुनिक सन्दर्भों में जीवन्त रूप में देखा जा सके। एक ऐसा साहित्य जिसके समाज का मुखिया रामराज्य का आदर्श प्रस्तुत कर सके—

मुखिया मुख सौ चाहिए, खान पान कहँ एक।
पालहिं पोसहिं सकल अंग, तुलसी सहित विवेक ।।

(मानस २ ३.१५)

आधुनिक सन्दर्भों में तुलसीदास के 'रामचरितमानस' की प्रासंगिकता की सन्निधि से यह भी सुस्पष्ट है कि आदिवासियों के लिए उसे तुलसीदास की मातृभाषा में यथावत् नहीं स्वीकार किया जा सकता। हिन्दी जानने वाली अनेक अंचलों की जनता के लिए ही जब 'मानस' की चौपाइयाँ दुरबोध प्रतीत होती हैं, तो अबूझ आदिम जनजातियों के लिए उनकी अबोधगम्यता स्वतः स्पष्ट है।

वाल्मीकि के युग में संस्कृत बोल-चाल की भाषा थी, किन्तु तुलसीदास के युग में संस्कृत का अभ्यास लोगों को कम होता चला और जनसाधारण की भाषा अवधी (हिन्दी) बनी। तुलसीदास के सामने भी यह प्रश्न रहा होगा कि राम-कथा को संस्कृत में लिखा जाये या हिन्दी में। उनकी भावना व्यापक थी, दृष्टि उदार थी। अतएव उनका निर्णय अवधी के पक्ष में था—

कीरति भनिति भूति भलि सोई।
सुरसरि सम सब कहं हित होई ।।

(मानस १०.१३.५)

'कीर्ति' और 'भूति' के समान 'भनिति' (कविता) भी वही उत्तर है, जो 'सुरसरि' के समान सबके लिए हितकारिणी व मंगल-प्रदायिनी हो।

इसी भावना से आदिवासी जनता की भाषा में मानस की रचना का कार्य उत्पादित कराकर 'मानस-समिति' ने लोकमंगल का कार्य किया है। 'मानससमिति ने मध्यप्रदेश की अधोलिखित

पांच बोलियों में 'रामकथासार' प्रस्तुत करवाया, जिनका मूल प्रारूप मैंने तैयार किया था—

(१) भीली

(२) हलबी

(३) कुड़ुख

(४) माड़िया

(५) गोंड़ी

इन पाँचों बोलियों में 'रामकथासार' के रूपान्तरण के अतिरिक्त हलवी, माड़िया तथा गोड़ी में मेरे सम्पादकत्व में सम्पूर्ण 'रामचरितमानस' का पद्यानुवाद प्रस्तुत हुआ एवं तीनों बोलियों में चुने हुए अंशों का मूलसहित अनुवाद प्रकाशन हेतु स्वीकृत हुआ। सम्पादित 'हलवी-रामचरितमानस' का जगदलपुर-आकाशवाणी-केन्द्र से इसकी स्थापना के साथ यदा-कदा प्रसारण होता रहा है।

पाँचों बोलियों में एक समान 'रामकथासार' की रूपान्तरण-विधि से एक लाभ यह है कि भविष्य में इनका तुलनात्मक अध्ययन प्रस्तुत हो सकेगा। मूल की प्रस्तुति में पाँचों क्षेत्रों की रामकथात्मक पृष्ठभूमि पर विचार किया था और तदनुसार प्रारूप प्रस्तुत किया गया था।

(ख) गोंडी का जातिभाषिक सन्दर्भ

प्राचीन साहित्य में जो अंचल दण्डकारण्य के नाम से अभिहित हुआ है और मध्ययुग में जिसे नागदेश अथवा गोंडबाना कहा गया है, वहाँ की वन्य जाति सम्प्रति 'गोंड' कही जाती है। उत्तर में गंगा नदी से दक्षिण में गोदावरी तक के क्षेत्र में बिखरी हुई यह जनजाति उत्तरप्रदेश, मध्यप्रदेश, महाराष्ट्र, उड़ीसा एवं आन्ध्रप्रदेश के सम्मिलित क्षेत्र में संश्लिष्ट है।

भाषिक दृष्टि से गंगा से नर्मदा नदी के मध्यक्षेत्र में सम्प्रति गोंडी का व्यवहार नहीं होता, किन्तु नर्मदा तथा गोदावरी के मध्यक्षेत्र में आज भी गोंड या कोइतोरवा विविध क्षेत्रीय नामों से सम्बोधित यह जनजाति अपनी जातीय भाषा का व्यवहार करती है। उत्तर में मेकल-क्षेत्र को पार कर यदि कोई व्यक्ति नर्मदा के दक्षिण में मंडला-क्षेत्र में प्रवेश करता है, तो उसे गोंडी के मन्द-मन्द स्वर सुनाई पड़ने लगते हैं और जैसे ही वह छिंदवाड़ा, बेतूल, नागपुर, बालाघाट तथा भण्डारा जिलों को पार करते हुए यवतमाल तथा आदिलाबाद-क्षेत्र में प्रवेश करता है, गोंडी-बोलियों की मुखरता बढ़ती जाती है। आदिलाबाद से प्राणहिता नदी को पार कर चांदा जिले से बस्तर की नारायनपुर तहसील होते हुए कोई यात्री जैसे-जैसे इन्द्रावती नदी को पार करता है, गोंडी-विभाषा तेलुगु में निमज्जित होती जाती है।

गोंडी मध्यवर्ती द्रविड़-भाषापरिवार की एक उपशाखा है, जिसके अन्तर्गत व्यापक क्षेत्र में विधि बोलियां वर्गबद्ध की जाती हैं, किन्तु इस विस्तृत क्षेत्र के भाषिक सर्वेक्षण के अभाव में अभी तक गोंडी-बोलियों का स्पष्ट चित्र विद्वानों के समक्ष नहीं आ पाया है। अपने सर्वेक्षण के आधार पर सम्प्रति मैं गोंडी को दो उपशाखाओं में विभाजित करने के पक्ष में हूँ—(१) **उत्तरी गोंडी** (नर्मदा और इन्द्रावती के मध्य का क्षेत्र) तथा (२) **दक्षिणी गोंडी** (इन्द्रावती और गोदावरी के मध्य का क्षेत्र)। प्रस्तुत रामकथा उत्तरी गोंडी पर आधारित है, जिसे सामान्यतया गोंडी नाम से अभिहित किया जाता है। दक्षिणी गोंडी पर आधारित रामकथा 'माड़िया-रामकथा' के नाम से प्रस्तुत है।

(ग) प्रस्तुत रामकथा की भाषा—उत्तरी गोंडी

उत्तरी गोंडी का क्षेत्र मध्यप्रदेश (बेतूल, छिंदवाड़ा, मंडला, बालाघाट, दुर्ग, राजनांदगांव तथा बस्तर), महाराष्ट्र (यवतमाल

चांदा, भण्डारा, नापुर) तथा आन्ध्रप्रदेश (आदिलाबाद) है। इन विस्तृत क्षेत्र के अन्तर्गत उत्तरी गोंडी की अनेक उपबोलियाँ प्रयुक्त होती हैं, जिन्हें आज पासी गोंडी, राजगोंडी, मुरिया, झोरिया तथा अवुझमाड़्या प्रभृति नामों से सम्बोधित किया जाता है। प्रस्तुत गोंडी-रामकथा की प्रस्तुति के पूर्व यह समस्या थी कि किस क्षेत्र की बोली को आधारभूत माना जाय। चूँकि इसके पूर्व इन बोलियों में किसी प्रकार के रचनात्मक साहित्य का सर्वथा अभाव था, अतएव किस क्षेत्र की भाषा में साहित्य की रचना हो, यह निर्धारण करना कठिन था। अन्त में इस क्षेत्र के व्यापक सर्वेक्षण के आधार पर मैंने निश्चित किया कि मुरिया-गोंडी को ही आधार बनाया जाय, क्योंकि वही उत्तरी गोंडी की एक मध्यवर्तिनी उपबोली है, जिसके उत्तर में पारसी तथा राजगोंडी, पश्चिम-दक्षिण में अबुझमाड़्या एवं पूर्व में विविध मुरिया बोलियाँ हैं। इस मध्यवर्त्तिनी रूप की स्वीकृति से समान कोड के निर्धारण में सुविधा हुई है।

मुरिया तथा उत्तरी गोंडी की अन्य बोलियों में जो असमानताएं हैं वे क्षेत्र की भिन्नता के कारण हैं तथा मिलने वाली समानताएं भाषायी एकात्मकता के कारण हैं। जिस प्रकार हिन्दी की बोलियों के वक्ता निकटता और दूरी के कारण बोधगम्यता व दुरबोधता का अनुभव करते हैं, वही स्थिति उत्तरी गोंडी के वक्ताओं की भी है—सूत्रे मणिगणा इव।

(घ) अनुवाद परीक्षण-घोटुलों से

मुरियाक्षेत्र—घोटुलों का देश—उत्तर बस्तर की नारायनपुर तथा कोंडा-गांव तहसीलों तक परिसीमित है। यहाँ के नारायनपुर तहसील के कडंगाल परगने पर आधारित है प्रस्तुत रामकथा, जिसका कूटपरीक्षण इस क्षेत्र के अधोलिखित परगनों के चेलिकों तथा मोटियारिनों ने किया था—आमानेड़ा (बोरगांव), अतागढ़

(गोरदी), बन्दादेश (जुगानी), बड़ागांव (बोरपाल), बेनूर (सिरपुर), भोंमरा (पानीडोगरी), दूगाल (बिजली), छोटा डोंगर (छोटा डोंगर), झोरिया (कोंगेर), कालपाटी (कोइलीबेड़ा), किडिंगाल (बारकोट), कोलर (बोंदर), नारायनपुर (नारायनपुर), परलकोट (इर्पानार), सुरेवाही (चारगांव), बमनी (धनसुली), बंगोली (छियानार), चालका (तेमुरगांव), हटिया (बड़ा डोंगर), केशकाल (बदरा), कोंगुर (कानागांव), कोपरा (कोपरा), मकरी (सेरमा), मरदापाल (ईसलनार), सोनपाल (कनेरा)। इन परगनों के चेलिक तथा मोटियारी कार्यकर्ता विगत पांच वर्षों से रामकथा के प्रचार-प्रसार के प्रति समर्पित हैं। सम्पादक इनका आभारी है।

(ड) गोंडी-रामकथा-साहित्य

मुरिया—गोंडी में 'रामकथा' के अतिरिक्त मैंने अधोलिखित अन्य पांडुलिपियाँ अनूदित व सम्पादित की हैं जिनमें प्रथम दो 'मानससमिति' द्वारा प्रकाश्य हैं—

(क) गोंडी रामचरित मानस (सम्पूर्ण रामचरित मानस का पद्यानुवाद)

(ख) गोंडी—विशिष्ट प्रसंगानुवाद

(ग) तुलसीदास (उपन्यास)

(घ) अश्वमेधयज्ञ (उपन्यास)

(ङ) रामायनपाटा (गीत-संग्रह)

(च) रामना पोल्लोय (नाटक)

(छ) रामायन आस्क (चरित्र-प्रधान गद्य)

(ज) घोटुल पाटा (चम्पूकाव्य)

(च) नहिं कोउ अबुझ न लच्छन हीना

लाखों गोंड—जनों को परम्परागत उपदेश और सदाचार का लाभ उच्च कोटि की प्रांजल भावना और आचारमूलक साहित्य के

बिना सम्भव नहीं है। वह साहित्य उन भाषा में होना चाहिए, जो उनकी हों, जिससे गोंड जनजाति अपने जीवन के पवित्र, चिन्तनशील और भावनात्मक क्षणों को प्रयुक्त कर उन निधि में स्वानुभूति का लाभ कर सके। इस आवश्यकता की पूर्ति के लिए गोंडों की बोली में रामकथा प्रस्तुत है।

गोंड़ों की विभाषी में 'रामकथा' को प्रस्तुत करते हुए हमारे मन में वही सपना आज भी है, जिसे गोस्वामी तुलसीदास ने चार सौ वर्ष पहले देखा था—

नहिं दरिद्र कोउ दुखी न दीना।
नहिं कोउ अबुझ न लच्छन हीना ।।
दैहिक दैविक भौतिक तापा।
रामराज्य नहिं काहुहिं व्यापा।।

—हीरा लाल शुक्ल

अनुक्रम

अध्याय – 1

रामना पुटना

हुचुकायो दियाना पोलोय आँद। कोसल राकते दसरत पोरोयतोर राजा राज कीदुँर। और नक्कान सुरबाल अनिन दरमाती मंदुर। अपना रयततुन मर लेहका पोसे कीदुँर। ओना सपोय बने मास मँद। कबसिलिया सुमिनेरा अनिन कयकयी ओनांग मूँड रानीस्क मन्दूंग। मति ओन उचुन दुक मन्द। ओनांग बोरे मर्क-मियास्क हिलवाव मन्दुर। इदामने और रोजाय अपरे कीदुँर। उन्द दिया और अपुना टोण्डतोर गुरु बसिस्टीन सपोय पोलोइंग बेहतुरे। वसिस्ट बाबाल डाडुस दोही हतुर अनिन इत्तुर—"निमा अपरे केमा। निम्मा मकँ-कानाह जग कीम अनिन नियांग मर्क आयनुर। और निया टोण्डाता पोरोय बरसीहनुर।'

राजाल इत्तुर—'बदाम निया हुकुम।'

अस्के वसिस्ट सिरंगी बावान केयतुर। बावाल वातुर अनिन ओर जग (हेसाड़) किया मूड़ कीतुर।

उन्द दिया जग (पूजा) कियाना किसडाहताह किस-पेन पसीत। अद दसरतीन पाल-गाटोता निन्दले उन्द दड़िया हीत अनिन ओन इत्त निम्मा इद पाल-गाटोतुन अपुनंग मुंडास्क रानीस्ककुन निहचीयाकान। दियाअवतेक अवेस्क पीलांग आयनुंग।

लच्चोन इंज किंस-पेन अजामंपत्ता आत।

राजाल पाल-गाटोतुन ओसीन अपुनंग रानीस्ककुन तूस्सीतुर।

अदे शाहार लंकाते रावोन पोरोयतोर पापी राजाल राज कींदुर। ओनांग दस तल्लांग अनिन वीसा टाड़क क्यक मन्दुग। और इदामायी तप कीसिन संकर

बगवानीन गिरदा कीतुर अनिन तलिहस्क मँदूर—'नन्ना कानेब अनिन मूस्ककुन विड़चिसिन बोनाय कयदे हायोन।' मानेय अनिन मूस्ककुन और नक्कान लाब लेबोर समजे मान्दुर। राबोनना बरेत्क कानहक बबे पेन्ककुन पूजा केबोर। बस्के कीदुँर अस्के रकसास्क बीटाह कीदुँग आयवेक हड़क सीदुँग। पेन्क रावोनना बीटाह कियानाते असकट बास मन्दुंग। अव सशो जुहे मास बरमा नगा हतुंग अनिन ओन रावनना बीटह कियानाता षोलोय बेहतुंग। बरमाल पेन्ककुन पयूस बिस्नु बगवान नगा ओत्तुर अनिन तान सपैय पोलोइंग बेहतुर। विस्नु बगवान पेन्ककुन परतिगँ हीत। ओन-कानह वरी माट। बगवान मुन्ने हंज अद अपुन अवदपुरतोर सुरवाल राजाल दसरतनगा जनम पय्यार। अनिन पापी रावोनना लोता लाकांजतुन लिन्द मुड़िहयार। और इह बरा इत्तुर सेटे पेन्क बरा नेदे मूस्क अनिन अडूस्क मारिस जनमे माइँग।

इद परतिँग कलियासिन तेन्क इसपुरादुन कोड़वड़सिन हतुंप।

उन्द दिया कवसिलियाना मुनके इसपुराल डिसते अर्त। बड़ेटे नेर्क तल्लादे बानी-बानी सिंगराम ता मोबुड़ (मकुट), मेन्दुदे कन्कोल गतिल उर्चसिन मन्द। इसपुरादांग नालंग कय्क बिती मेन्दुदुन हूड़त, अस्के अद बकरे मात। अद इस्पुरादा अरजी कीत। इस्पुराल इत्त—"याया! निम्मा अनिन बाबाल नावा कानह हेसांग (पूजा) कीस मन्दिर। इदराम ने नन्ना नियागा मरना मोहाते (मेन्दुदे) जनमे मातोना।"

कवसिलियाल इत्त—'बगवान! निम्मा मरना मोहाते इगा पुटतोन आतेक, पेकाल मारीया, नाक निया मरना मोहा कलियसिन गिरदा आयार।

रामना पिटो

इदेन कैंजसिन इस्पुराल कबसिलियाना कोराते पिला मारीयसिन वात। दसरत राजान बस्के मर पुटनाता कबिर कलियतुर अस्के और नक्कान गिरदा आतुर। सअर ते कोय मातंम नगो रांग मोहीरिंग नेक मूड़ आतुंग। पेन्क गिरदा आस कोयमा किया विड़ियतुंग। इहे कयकयीना ओरउर मर अनिन सुमितराना इर्वर मर्कं पुटतुर। नालवुर आस पेकोर नक्कान ओप्स मन्दुर। राजाल ओरांग सर्टिटिन्ककानह बसिस्ट बावान केयतुर। वसिस्ट बवाल कवसिलियाना मरहाराना पोरोय राम, कयकयीना मर हाराना पोरोय लचमन अनिन सअरुगन तास्तुर। सपोम मुल मनेक-मनेक मालर आतुर अनिन आपुसते नक्कान मयाते मन्दा मूड़ कीतुर। तम्मोह मुदुर आस रामन हय फींदुर अनिन ओन गिरदाते तासन्दुर। राम बरा ओर्कुन इदामायो मया कींदुर। पिला टाहारताह रामना गोरोल लचमन भरत ना मोरोल सतरुगन जादा मन्दुर।

माई आयले पाहार दसरत राजाल ओर्कुन पड़ेकियालास अपुना गुरु वसिस्टना डेरा (लोते) ते लोहतुर। तम्मोह नाल-बुरास उचुके दियांनगे वेद सास्तेर सपोय बान्क पड़े कीस वंडतुर। पेर गुरु टीका हीस लोन मल्स वातुर।

अध्याय - 2

रामनंग मरमींग

उचुक दियांग पक्के उन्द दिया विस्वामितराल राजा दसरत नगा बातुर। राजाल ओना इदमायो मान-दान कीतुर। अपुना गादीते उपिहचिन ओनांग काल्क नोरतुर अनिन सेवा कीतुर। इद सपोय कियाना पक्के दसरत ओन वायनाता पोलोय पूचे मातुर।

विस्वामितराल इत्तुर—"राजा! नाक रकसास्क नक्कान बीटह कीतांग। इदामने अवेन हउकलास निम्मा राम-लचमनीन नावासंग लोहचीम।" दसरत राजाल पोलोय हीतुर—'मराज! राम-लचमन इजेक नक्कान उडिलोर मन्तोर। ओर रकसास्ककुन बह हउक परनूर? पेर नाक मुदयाल पाहरते पेकोर पुटतोर। ओरा लेवा नन्ना बदाम जीवोत मन्दा परकान? निम्मा ओरा सेती नावा सपोय बहचना मूड्डून (पलटने मोहोड़तुन) ओम अनिन ओर्कुन बिड़चिसिम।'

इदेन कैंजसीन विस्वामितराल इदामायो हौंग आतुर। गुरु वसिस्ट बाबाल राजान मानाह कीतुर अनिन इत्तुर—'राजा! विस्वामितराना संग लोहतेक इरवुरास पेकोर्कुन (कुवोरकुन) मेहनाय आयार। निम्मा बदे किसमता उडिला जीवा केमा।'

वसिस्टना इदाम समजाह कियानाते दसरत माने मातुर। ओर राम-लचमनीन विस्वामितराल बाबा ना संग लोहना उआट कीतुर। राम-लचमन अपुनंग अव्वहारीस्ककुन अनिन बाबोहाराना हुंकुम पयूस विस्वामितराना संग हत्तुर। हरदे ताड़का पोरोयता उन्द रकसाल मुत्ते टोइ्ड अंगिलसिन, कल्क वाटसोर वात। राम वरीहवाह विद्दे काड़ आंदे कीस तान उन्दीय काड़ते हउकतुर।

इदेन उड़सिन विस्वामितराल इदामायो गिरदा आतुर। डेराते (लोते) अवताय साट ओर राम-लचमनीन विल्क का-डींगना गून्क (गुर्क) हीतुर। राम विस्वामितरान इत्तुर—"निम्मा वाताय वरे लेवा जग्ग कीम। पूजाता राका माट तम्मोर इरवुरास कियाकोम।"

विस्वामितराल दुसोर बावालोरकुन केयसिन पूजा मूड़ कीसीतूर अनिन राम-लचमन पूजाता राका किया विडियतुर।

अदे कोटुमते मारीच अनिन सुबाहु पोरोयतांग रण्ड़ रकसास्क अपुना संगतोरा सुदा मन्दुंग। अव बाबा-बयरागीरकुन नक्कान बीटह कीँदुँग अनिन ओरा तप अनिन पूजाते नोकसान कीँदुँग। विस्वामितर बावाना पूजा कियाना हुड्स अव अपुना संगतोरकुन ओस पूजाते नोकसान कियालास वातुँग। बाबाना सरापता वरेत्क लोपो वायोँग मति अव पोरोड़ाह अडरायतंग बिडारींग वाटस्सीन

पूजातुन नसाह कीँदुँग। इदेन हुड्स राम अनिन लचमन रकसास्ककुन हउकना मूड़ कीतुर। राम मारीचिन उन्द बाय लेवा काड़ अस्सतुर, अदामने अद हुचुकायो कोएक जेक हंज समुंद (टड्डी) ता नडुम हर्त्त। पेर ओर उन्द किसकड़ते सुबाहुन पीतीहचीतुर। इदे नडुम लचमन ओना संगतोरकुन अनिन (बहचवालोर) पलटेन मुड्डूने हउकतुर। बव रकसास्क पिसतुँग अबवरीयसिन वितीतुँग।

राम अनिन लचमनना लाव अनी लड़ी कियानातुन हुड्स सेट्टे मुल नक्कान गिरदा आतुर। ओर ओना मान किया विडीयतुर।

ओना पूजा इजेक बाताय वरे लेवा नक्कान गिरदाते आया मूड़ आत।

हुचुक दियांग परके विसवामितराल राम-लचमनीन वेहतुर 'जनकपुरतोर राजाना मियाड़हारी सीतानंग मरम-कचोरा उदीता। नावा उवाट मन्ता निम्माट बरा दट।' राम लचमन रूजू आतुर। विसवामितराल ओर्कुन अनिन अपुना दुसोर चेलालोर (पेड़केवालोर पेकोर) कुन पयूस जनकपुरातके हत्तुर। हरदे गंगा बेरेटुन कलियतुर। ओर अगा एरमितुर। बिसवा-मितराल तममो इरवुरासकुन नेदे रयले (बायना) ता पिटो वेहतुर अनिन मुन्ने वर्सतुर।

हन्नेक-हन्नेक हरदे ओर उन्द लोन कलियतुर। अग्गा बवे काजेर्क ओहनाह आयोग। सिरीप कद्दा उन्द मुरित मंद। राम पूचेमातुर—'मराज! इद बाता आँद'

विसवामितराल इत्तुर—'गवतम बाबाना आड़ अहिलियाल आँद। ओस्सा गवतम बावाल बेकेन बहिर हंज मंदूर। इन्दर बगवान गवतमना मँदुल पंड्स इगा वात्तु अनिन अहिलियान जाड़पत्तु। बस्के बावाल वात्तुर अस्के ओर तानकानह इंदरीन सराप हितुर अनिन अहिलियान इतुर—'निम्मा कल मारीया।' अहिलियाल अपुना मुदियोन इत्तु—'इवडे नावा बाताय नीस हिल्ले, नीस आतेक इंदर ना आँद। बावाल सपोय पुंज मंदूर। मति ओर अपुना सराप मलिहचीन परोर। ओर इत्तुर—'बस्के रकसास्क कुन हउकसीन राम जनकपुरा दायनूर, अस्के ओर इगा वास नीक अपुनंग काल्कने बोइहनूर अदे पाहार निया सराप कंडे मायार।'

इद पीटो वेहचीन विसवामितराल इत्तुर—'अय राम! निम्मा इदेन अपुनंग काल्कने बोइहचीम।'

गुरु ना हुकुम कलियसिन राम कद्दे कादुन बोइहचीतुर। अहिलियाल अपुना मूड़याल मेंदुदे वात। ताना परके अद रामोन वद परचो तलोहक्त, अदे

ओर तान हीतुर। पेर अद अपुना मुदियोर गवतम बाबानगा हत्त। विसवामितर बावाल अनिन ओना संगतोर मानेय जनकपुर अवतुर।

हक्के राबोन कोटुमते मन्बालोर अनिन तप केबालोर बाबालोर कुन बीटह कियालास ओर्कुन पट्टींग पयना मूड़कीस मन्दुर। बावानगा हियालास बाताय हिल्ले, इदरामने ओर अपना नत्तुर अड़काते निहचिन लोहचीतुर अनिन इत्तुर— 'निम्मा इद अड़कातुन बग्गान बरा तासकिन, अगा मुसुर (पिर) वायो आयार। रावोन इद अड़कातुन जनकपुरा हंज कमेक मिस्सी—तुर। अग्गा मुसुर वायो आत। अद पाहर बद राजते मुसुर वायो आँद, अस्के राजाल अपुना कयदे सोमता नाँगेदे नेदुन पुहन्दुर। इदरामने जनक राजाल सोनता नांगेल पयस नेल पूह मूड़ कीतुर। नेल पूहनेक-पूहनेक टोहाते नाँगेदा मुक्को हड़का (अड़का) ते तोक्त। हड़का विरीत (होर्त्त) अनिन अग्गाडाह उन्द अडरा जूतता पेकोड़ पसीत। नाँगेदा मुकोटुन (कोस पोलोइंगने) 'सीत' इन्तोर, इदामने अद पेकीड़ता पोरोय "सीता" अर्त्त। जनक राजाल तान पोसे कीतुर।

माई आले पाहर उन्द दिया सीताल अपुनंग सकी हारी-स्कना संग करसोर मंद। अग्गान बगबान संकरना (लिंगोपेनेना) वित्ल तासले मंद। सीताल कर्ससोर-कर्ससोर तान तेहत। अद बिल्ल इच्चेन बोज आस मंद, तान वोरे तेहबाय मन्दुर। जनक राजाल बस्के इद् पोलोयतुन कैंजतुर अस्के ओर किरिया कीतुर— 'बोर' इद विदुन होरिहचीयानुर, ओनाय सुदा ओर सीतान मरमींग किसीयानूर। बस्के सीताल मरम-पेकीड़ आत, अस्के ओर मरम-कचोरा उपहितुर।

विसवामितराल जनकपुर इदे मर्म-कचोरत्क कानह बास मन्दुर। जनक राजान कबिर पुट्त, अस्के ओर ओनागा हत्तुर। विसवामितराना संग राम अनिन लचमनीन हुड़स ओर न्क्कान गिरदा आतुर। ओर विसवामितरान पूचे मातुर—'वेर पेकोर बोनागड़ोर आँदुर?' विसवामितराल वेहतुर—'वेर अयोद्यातोर राजाल दसरतनगाडोर मर्क आँदुर।' जनक राजाल मनते उबाट कीतुर—'राम अनिन सीतानंग मरमींग आतेक, बच्चोन बेहना आयवाड़।' मति अपुना किरिया ता एत कीस ओर जीवा उइहतुर।

जनक राजाल मान-दानसुदा विसवामितरान अनिन राम लचमनीन अपुना संग तत्तुर अनिन ओन उन्द नेहना वाड़मते रोमिहतुर।

उन्द दिया राम-लचमन गुरु विसवामितरानगाड़ाह सहर हुड़लास हुकुम पयतुर। तम्मोर इर्बुरआस सअर हुड़लास पसीयतुर। सअरता सोबा हूड़स नक्कान गिरदा आतुर। सअरतोर पेकोर ओर तम्मोर इर्वुरआसना सोबा हुड़स गिरदा आतुर अनिन ओर्कुन सअरतोहना मूड़ कीतर। आस्क रामीन बूड़क विडीगतुंग वेर करियाल पेकाल आतेक सीताना संग तर तिन्नेर (ओपेर), मति राजाना किरियात्क कानह इद बदाम आया परयार?

उन्द दिया राम अनिन लचमन गुरुना पूजाकानह पुंगार तता हत्तुर। अद दिया सीताल अव्वहारीना हुकुम पयूस गवरी पूजा कियालास वास मंद। ताना

उन्द सकीहारी राम-लचमनीन हुडूत, अनिन वित्स हत्त, अनिन सीताना वेह्त— 'इर्वुर नक्कान सोबलेर पेकोर बगेचाते बातोर। ओरुर पंडराल मन्तोर अनिन दुसोर करियाल सीताल ओर्कुन हुड़लास गिरदा आत। अद रामिन हुंड़त अनिन राम सीतान उड़तुर। तान पर्के सीताल गबरी-पूजा कीस लोन हत अनिन राम-लचमन अपुना गुरुनगा मल्स वातुर।

दुसोर दिया राम अनिन लचमनीन पयूस विसवामितराल सीताना मूरम कचोर। ते हत्तुर। अग्गा जनक राजाल ओर्कुन तम्मोर इर्वुरास ना संग उन्द डंगाल गादीते उपिहतुर। नडुम मण्डाते संकर ना विल माँडह कीले आस मंद। जनक राजाल अपुना किरिया कीले तुन बेहतुर—"बोर इद विद्दुन होरिहनुर, ओनाय संग सीताना मरमिंग कीसियाकान।" इदेन कैंजसिन मरम-कचोरा ते बालेर राजालोर वास-वास बारी-बारी विद्दुनतेह मूड़ कितुर। मति बोनातेन बरा अस-ते-टस आयो। ईदेन वीसा कयूकनोर अनिन दस तल्लांग बिताल राबोनना ते बरा तेदो। पेर सपोय राजालोर सुमित कीस (मिले मास) तेहचूड़तुर, मति अस्के बरा तेह परोर। मारँगा ते सेठे राजा-लोर हारे मास उयहीतुर, अस्के जनक राजाल सेठे राजालोरकुन हौंगते कूहचसोर इत्तुर—'इद नेदे बदाम बोरे इदाम सुरवाल हिल्लेर, बोर विद्दुन होरिहचिन नावा मियाड़ना सँग मरमिंग किया परेर? इदाम ओहनह आन्ता नेदे बोरे पड़योर (सुरबाल) हिल्लेर।'

जनक राजानंग इब पोलोइंगनुंग लचमन कैंज परोर। ओन हौंग वात। ओर नित्तुर अनिन इत्तुर—'दादाल राम हुकुम हेवेर आतेक, इद विद्दुन नन्ना पोउड पुंगाटा नड़गा (पोदेला) लेहका होरिहचेवेनान अनिन सपोय बूमतुन (नेदुन) पहना हड़का लेहका उकसेबेनान। जनक राजाल बरहोर आँदुर, मति ओर रघुटोण्डातोरा मनह नक्कान अडराय पोलोइंग इत्तोर।'

लचमननंग इव हौंग पोलोइंग कैंजसीन जनक राजान एत (बिचार) बात। राम लचमनिन कमेक कीतुर। अपुना मोरोल केयसिन उपिहतुर। ताना परके बिसवामितराल रामिन इत्तुर—"नोना! निम्मा हन अनिन बिदुद्न होरिहच्चिम। जनक राजाना दुकतुन कौंजिहच्चिम।" राम अपुना डेराताह तेद्दीतुर अनिन डाडुस कीस बिद्दा मोरोल हत्तुर। सपोय मानेय नवकान एत कीस ओनाके हुड़तुर। सेटे मूड्डांग मेन्दुस्क कसिंगसोर मन्दुंग। राम बिद्दुन सयँगने तेहतुर अनिन होरिहतुर।

बिल उसंगताय साट नक्कान लाब नालेँग बात। सपोय मुल अकचके मास मन्दुरं, मति ओर नक्कान गिरदा आतुर। जनक राजाना किरिया कीले दक्त।

जनकपुरातोर राजगुरु सतानंद सीतान केयतुर। सीताल वात अनिन मानेय्कना

रामना पिटो

मुनकेड़ागा (मुन्ने) अद रामचंदरान वड़ेटे पुंगाटा नेरुम करिहचित। राम बास अपुना गुरु बिसवामितराना मोरोल उद्दीतुर।

इच्चोड़ेन बारांक उड़ीन्तोर बड़ीयता लेहका लावते ओरुर बामेन कल्क दोहचिन, कयदे पर्स पयसिन, अगा वान्तोर। सेटे मूल बरियसीन कसिँगतुर। ओर बामेनना पोरोय मन्द परसुराम। परसुराम नेटे तासलैंग बिलम कुटकेनुँग हुड़स हौंगते पूचे मातुर—"इद बिड्डुन बोर होरिहतोर?" हौंगते ओर सेढ़े मुडडुन बह-बहतंग इन्दा मूड़ कीतुर, अनिन गन-गन (असकुडींग) सुरवाह कीतुर—"बोर बिड्डुन होरिहतोर, ओर वायीर, ओन नन्ना इजेक जमपुर लोहचिन्तोना।" इबडे लचमनिन हौंगवात। ओर परसुरामना संग बहचाड़ किया बिडीतुर, मति बिसवामितराना अनिन रामना मानह कियानाते कमेक आतुर। अपुनंग मिटास पोलोइंगने राम परसुरामना हौंगतुन बरा अरिहचितुर। परसुरामनगा उन्द बिल मन्द। अदेन किनी पुतीतोर मानेय तरि्हपरोर आँदूर। ओर अदेन रामिन हीतुर अनिन इत्तुर तेन तरिहा। रामना कयदे बाताय साँट बिल अयुन तर्क। परसुराम समजे मातुर राम इस्पुरादाय अवतार आँदुर। तेन कानह ओर रामिन मापी तलिहक्कतुर अनिन मट्टाते तप कियालास हत्तुर।

जनकराजाल कबड़ियाना कयदे दसरत राजानगा अयोद्या कागेत लोहतुर। अबडे मरम-मानेय्कना संग जनकपुरा वायनाता कबिर मन्द। इद कबिरतुन कलिय्स सेटे मुल नक्कान गिरदा आतुर। दसरत वसिक्टीन केयतुर अनिन ओन सपोय पोलोइंग बेहचिन रण्डटाड़ रत्ककुन नक्कान जूत पण्डोहतुर। उन्दते गुरु वसिस्ट अनिन दूसोरते अपुन दसरत राजाल उद्स जनकपुरा हत्तुर। भरत-सतरूगन बरा कोडांगने उदसिन हत्तुर। सँग ते अडर बरा हुचुकायो मुल सअरतोर अनिन पलटेन-गोहोड़ बराहत्तुर। ओरा जनकपुरा अबले पाहर राम अनिन सीतानंग नंगोरांग-मोहरींगना संग अड्डो मुरुमते मरमिंग आतुँग। जनक राजाल अपुना हुडिला मियाड़ उरमिलानंग मरमिंग लचमनना संग, अपुना तम्मोना मियाड़ माड़वीनंग भरतना संग, अनिन तानात्कले उडिला हेलाड़ सुरतिकीरती नँग सतरूगनना संग मरमींग कीसीतुर। सपोय मुल नक्कान गिरदा आतुर। पेन्क बूम पोरोड़ाह पुंगाहक वाटतुँग।

जनक राजानगा हुचुक दिवांग मनले पर्के दसरत राजाल अयोद्या दायलास

बिदा तल्लिहकतुर। बच्चो पाहार दया मूड़ आत, अच्चो पाहार तानांग पोसे कीलेंग रुपुंग मयनास्क अपरेकीस केय बिडीयतुंग। सकी हारीस्क जीवा उइहचिन किल मूड़ कीतुँग। जनक राजाल सअर ता बहिर अवनह ओर सेटे मुडुन ओसीतुर अनिन मरम–मुड्डा संग दसरत राजान अनिन राज पेकोरकुन बिदा कीस जनकपुरा मल्स वातुर।

दसरत राजाल मर्क अनिन कोड़ियास्क ना संग अयोद्या अवतुर। सेटे सहरतोर नक्कान गिरदा आतुर।

अध्याय - 3

रण्ड पोल्लोंग

हुचुक दियांग (परके) दसरत रामचंदरान राजा गादी हियालास उबाट कीतुर। तेन कानह ओर मंतरीना सूल पयूतुर। मंतरीलोर ओना उबाटतुन नक्कान मन कीतुर। बस्के पेन्क हुड़तुँग दसरथ राजाल रामीन राज गादी हिन्तोर, अस्के अव उबाट कीतुंग इद पोल्लोय नेहना आतेक राबोन बोर ओकुँन अनिन बाबा वयरागीर्ककुन बीटह कीस मन्दूर, बदाम हउकना आयार ? अब नक्कान अकचके मातुंग। अब सरसतीनगा हंज अरजी कीतुँग अद बदे इदाम हर पसीही बबडे पेन्क अनिन बाबा बयरागीना गिरदा कौंजी। सरसती कयकयीना अब्बास्क बाबोरगाड़ा वायले आड़ मंतराना बुदतुन मिड़िहचित। तान रामना गादीते उदनाता पोल्लोय सुहे मायो आत। अद हंज कयकयीन सपोय पोलोइंग बेहतु। कयकयी रामना राजगादीते उदनाता पोल्लोय कैंज्स नक्का गिरदा आत अनिन तान इनाम हिया बिडीत। मति मंतराल किल्ल मूड़ँ कीत। अद इनाम हीलेतुन बाटसीत अनिन इत्त—"रानी निया करम उलटा आता। नेडँ नेहना करम कबसिलियाना मन्ता। अद निया मर भरतीन अवको हारालगा लोहीहता अनिन अपुना मर रामिन राज होहिन्ता। बस्के भरत मल्स बायनुर, अस्के ओने जहेदे लोहचीयार। नीक बरा इजेक मुन्ने पदित तेह लागयार।"

इदेन कैंज्स कयकयीन इदामायो हौंग वात। अद मंतरान हौंग आत मति मंतराल अपनुंग पोलोइंग इजोर हत्त। जमने-जमने तानांग पोलोइंग रानीना पटाड़ लंज मूड़ आतुँग। तान मंतरानँग पोलोइंग सूहे माया मूड़आतुंग अनिन अद इद गिर हाता पिसनाता उवाट (सौर) मंतरान पूचे मात। मंतराल इत

''निम्मा हौंग लोते हन। बच्चे पाहर राजाल वायनुर अनिन नोक मानह किया विडीनुर, अच्चो पाहार रामना किरिया तीहचिन निम्मा ओन पड़ानंग हीलेंग रंड पोल्लोंगनुंग सुरता कीहिकी।''

परचौंगना पोल्लोय इदाम आँद। ओस्सा दसरत राजाल पेन्क नकेड़ाह रकसास्कना सुदा लड़ी किया हंज मंदूर। रानी कयकयी बरा संगते मँद। दसरत राजान लड़ी किनेक-किनेक तावुर पेह्चसिन (सेते गुप मास) मँद। अच्चोने पाहार बोरे ओना रत रोसवान हउकतुर। रानी कयकयी तुरते कोडांगनंग मोरोस (लगाम्क) कुन अपुनंग कयूक ने पयूत अनिन लड़ी किया विडीत। बच्चो पाहार दसरत राजन सेत बाबात अस्के ओर दुसोर रत रोसवान केयतुर अनिन पेर लड़ी किया बिडियितुर। अदे लड़ीते मुन्ने दसरत राजाना रतता आसकुड़ता कीला कुससिन मंद। हिड़बरा मुटसोर मंद। रानी कयकयी रतते उद्स-उद्स आसकुड़ता बूकाते बड्ंज माहच्चिस मंद। मारँगाते दसरत राजाना जीत आत। ओर रानीना बुद अनिन लावतुन हुड़स गिरदा आतुर अनिन इतुर—''निम्मा नाक रण्ड पोल्लोंग तलिहका।'' कयकयी इत्त—''बस्के काम वायार, अस्के तलिह्कीकान।''

मंतराल इव रण्डास पोल्लोंगनुंग इच्चोने पाहार सुरतह कीसित। इत्त—''उन्द पोल्लोते रामिन कानह चवदा बरसान्क कोटुम दायलास तलिह्का, दुसोरते भरतना कानह राज-गादी।''

रामना पिटो

मंतरानंग पोलोइंगने बास रानी हौंग-लोते हंज उद्स मंद। अक्के सेटे सअरते गिरदत्क तिहार माने-मासोर मन्दुर। रामिन राजगादी हियालास जौंग कीसोर मन्दुर। दसरत राजाल गिरदांते कव्सोर कयकयीन इद पोलोयतुन बेहलास ताना महादे हतुर, मति तान अग्गा ओर कलयोर। पहँकतुर अस्के अद हौंग-लोते ओह्ना आत। ओर नक्कान हुडिला जीवा कीतुर। ओर इतुर— "रानी! निम्मा गिरदाता दिया हौंग-लोते ? नैंड आतेक रामना राजगादी हियाना दिया आँद। नैंड आतेक गिरदाते मंदाना दिया आँद।"

इदेन केंजसिन कयकयी इत्त—"गिरदाते मन्दाना दिया आँद, निम्मा नाक अब रण्ड पोल्लोंग हीम, बवेन हियालास निम्मा किरिया कोस मन्दिन।"

दसरत राजाल कबसिन इत्तुर—"रानी नियात्कले बीड़-सिन नाक रामिन विड़चसिन अउर लाडराल बोरे हिल्लेर। नन्ना रामना किरिया किन्तोना, बाता निम्मा तलीहककीन अदे नन्ना नैंड नीक हियाकान।"

कयकयी इत्त—"नाक अउर बाताय हेमा। नन्ना रण्ड टाड़ पोल्लोंग तलिहकिन्तोना। हियाक निम्मा ?"

राजाना इंगो इन्ले पाहार कयकयी इत्त—'उन्द पोल्लो इद आँद रामिन चवदा वरसांग कानह कोटुमते मन्दाना आई। दूसोर इद आँद भरतिन राज-गादी पुट्टी।

राजाल इव पोल्लोइंगनुंग केंजतुर, अस्के ओन अपुनँग कव्वींग अनिन कोंडांगने परतींग वायो। बद रानी रामिन इच्चो मया कौंद अद नैंड इदाम परचोंग तलिहकित। ओन ओचताप कोंडांग तिरीय मूड़ आतुँग। ओर ओचताप नेदे मुट्स मन्दुर अनिन अहे वियननह मन्दुर।

बस्के सेत वात अस्के ओर नक्कान अपरे किया विडियतुर। इतुर—"अय रानी! राम निया वाता नोकसान कितोर ? निम्मा आतेक ओन नक्कान मया कौंदिन। नैंड ओनाकेड़ाह इदाम बाता जुलुम आत ? निम्मा पुत्तोनीन। नन्ना रामना लेवा जीवोत मन्दा परोन।'''

इदेन केंजसिन कयकयी अउर नक्कान जीवा उइहनँग पोलोइंग (टप्पींग) कत्त। इत्त—"निम्मा परचोंग हियानाता मुने आतेक, कट (टेक) कौंदिन अनिन इन्दी तलिहका। इजेक नन्ना तलिहकतान, इचोन निम्मा अपरे किया

बिडियतिन। नीक हियाना आतेक हीम, आयबेक हेवोन इन। इहे किसे बरतेक बाताय पुटना आयो।'

इदेन कैंज्स दसरत राजाल 'हयराम' इंजोर जड़कने अरतुर। दसरत राजाल नक्कान अनकडिंग तेदिन्दुर। अति नैंड आतेक ओर ओचतय उंजतारे। हुचुकनाओ जाम आत मति ओर महादा बाहिर बायोर। इच्चोन राजा नगाड़ोर मंतरी सुमंत ओन केयलास कयकयीना महादे हत्तुर। अग्गाड़ा रंग-डंग हुड़स ओना जीवाते अर्त। ओर सिमसाम आस मन्दूर। कयकयी ओन इत्तु—'निम्मा रामिन साँडे केयूस ताय।' सुमन्त राजानके हुड़तुर। राजाल कमेक आस तल्लाय होलाह किसितुर।

राजाना अनिन रानीना रंग-डंग हुड़सिन सुमुंत कमेक आस रामिन केयलास ओना महादके हत्तुर। अग्गा ओर राम अनिन सीतान नेटा तिहार (राज-गादी) तूक कानह जौंग आयना हुड़तुर। ओर रामिन इत्तुर—"नीक राजाल केयतोर।" राम सीतान इह इंजोर हत्तुर राजानंग पोलोइंग कैंजसिन नन्ना इजेक वान्तोना। सुमंतना संग हत्तुर।

अग्गा हंज बारांग हुड़िन्तोर राजाना टोड्ड ओस्सान (निरबन) वत्स मन्द। ओना सपोय मैंदुल किस लेहका कास्सिन मंद। ओना हाल (गत) नक्कान अडराय मंद। बाबोना इद हाल हुड्स राम नक्कान जीबा उइहतुर। ओर कयकयीन पूचे मातुर—"बाबाना इह हाल बदामने आता? कयकयी इत्त—"राम मिवो नाक रण्ड पोल्लोंग हियालास इंज मन्दुर। नैंड नन्ना अब परचोंगनुंग तलिह्कतान। अस्के अबेन हियालास ओन पबित आन्ता। इबडें बेर कट्ले मान्तोर।"

राम पूचे मातुर—"हय याया। नाबा कानह बाता हुकुंम आँद।"

कयकयी इत्त—'निया कानह चबदा वरसांक कोटुम दायना अनिन भरतिन राज-गादी।'

इदेन के ज्स राम नक्कान गिरदा आतुर। ओर इत्तुर—"इंगो। इच्चोके पोल्लोइंग कानह बाबाल अपरे किन्तोर। इद बाता माई पोलोय मरियता। निम्मा हुड़िला जीवा केमा। रण्डास पोल्लोइंग आयनुंग।"

इच्चोच इंज राम अव्वहारी कवसिलियाना हुकुम तलिहक्लास हत्तुर। पोलोय-पोलोयते इद कबिर सअर मेटे बिगरे मात। सअरतोर इदामायो किसे

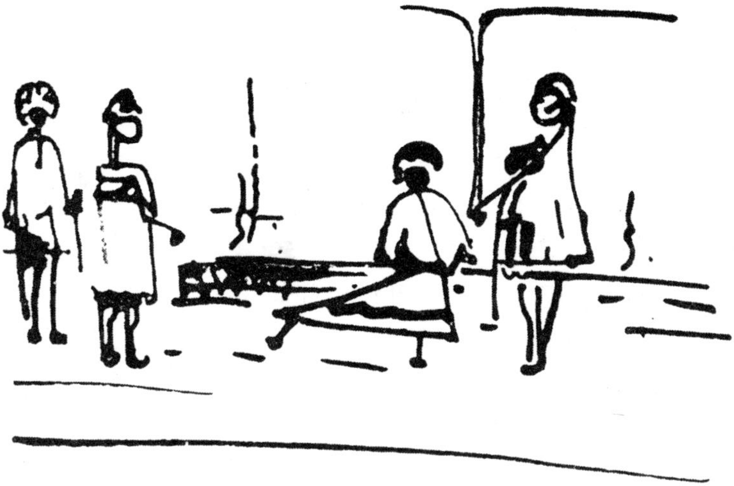

बरतुर अनिन अपरे कितुर।

राम हंज अव्वाहारी कवसिलियाना सपोय पोलोइंज बेहतुर अनिन इत्तुर— "बाबाल नाक कोटुमता अनिन भरतीन अयोदया ता राज हितोर। इदरामने नन्ना कोटुमते दान्तोना।"

इद पोलोयतुन कैंजसिन कबसिलियाल इत्त—"नोना! निया जागा भरतीन अयोदायाता राज हितोर आतेक, बाताय पोलोय आयो। बदाम निम्मा अहे भरत। मति नावा समजते (सूदे) इद पोलोय वायो, ओर नोक कोटुमता राज बारा किया हितोर? निम्मा बाताय जुलुम कीस बह मन्वी?"

इद उवाट कीस रामिन कोटुम दायना आयार, इंजोर कबसिलियाल इदामायो अपरे कीत अनिन डहा किया मूड़ कीत। राम तान समजाह कीतुर। अच्चोने पहार सीताल अग्गा वात। अद सपोय पोलोइंगनुंग कैंज्स मंद। अद रामना संग कोटुम दायलास कट पयूत। राम अनिन कवसिलियाल अदेन, इदामायो समजाह कीतुर। इत्तुर कोटुमते नक्कान पदित आयार। इर-माट तिन्दा लागयार। रकसास्कना बरे मन्दार। ताकसोर दाया लागयार। अउर बच्चोके गिरहांग वायनुंग। इदामने नेहना आयार निम्मा लोतेन मना। मति सीताल उन्द बरा माने

मायो। अद रामनंग काल्क बोयूस इत्त—"निया संग मतेक नाक बाताय डंड (पदित) आयो आयार अनिन अयोदयाता सेटे उसतुर पुटयार।" मारँगाते राम-सीताना पोलोय माने मातूर। इर्बुर आस कयकयी ना महादके दायलास जोँग आतुर। बस्के इद कबिर लचमनीन पुट्त अस्के ओर बरा दादान हरानासंग दायलाय कोड़च विडीतुर। राम ओन इदमायो समजाह कीतुर मति ओर माने मायोर। मारँगाते रामिन ओन बरा संग ते ओयलास रूजू आया लाग्त। राम लचमन अनिन सीताल मुवुरास दसरत राजा नगा अवतुर।

इक्के सअरतंग सपोय आस्क कयकयीन मानाह किया बिडोयतुंग—"निम्मा आतेक इन्दीन, नीक राम भरतनत्कले जादा मया मन्ता। नैँड इद बह किन्तोनीन?" मति कयकयी बाता पोलोय हेबाड़! ताना सूदतुन आत्तेक सरसती ओस मँद। अद तुरते तेदीत अनिन राम-लचमनिन कानह तोलागनंग गतलांग तच्च इत्त—'पयम्ट। इवेन ऊरचाट अनिन कोटुमत्क कानह जोँग कीम्ट। तम्मोर इर्वुरास तोलांगनंग गतलाँग ऊरचतुर। गूरुन लोता अनिन सअरतंग आस्क कयकनीना होँगतुन हुड्स नक्कान अपने कीतुंग।

अध्याय - 4

रामना कोटुम दायना

राम लछमन अनिन सीताल मुवुरास दसरत राजान कोड़वड़तुर अनिन कोटुम दायलास जौंग आतुर। इद रंग-डंग हुड्स दसरत राजाना अपरे कियान्त (डहाता मारे) तड़ाक दगताप आसोर मंद। ओर बाताय इन्दा परो। "अय राम" इंज

ओर मुट्टतुर। राम अव्वान, बाबोन अनिन गुरुन कोड़्व-ड़तुर, कोटुम दायलास महादाय बाहिर पसीयतुर। सअरतोर मानेय माहा रेहच ओना परके-परके दाया मूड़ कीतुर। राम सपोय मुड्डून अटकाह कीहत्तुर, मति ओर मल्लोर। इक्के राजान सेत वात, अस्के सुमंतीन केयसिन इत्तुर—"राम-लच-मनीन अनीन सीतान रतते उपीहच ओम अनिन रण्ड-मूण्ड दियांग कोटुमते वलिहचिन मल्स वायकी।" राजाना हुकुम कलियसिन सुमंत रत पय्स सअरता बहिर अवतुर। अग्गा ओर मुबुरासकुन रतते उपीहतुर अनिन कोटुमतके ओतुर।

सअरतोर राव परके-परके हन्दा विडीयतुर। इकाट आत, अस्कै उन्द जागा सपोय मुल ऊँजतुर। राम सुमंतीन रत रोसलास कत्तुर। सअरतोरकुन उसकाड़ आया हीस सुमंत रततुन मुन्ने बरसीहतुर। नकाइंग सअरतोर तेद्दीतुर, ओर अपुना लडराल रामिन इदामायो परकतुर, मति ओर कलियोर हारे मास ओर सअरतके मल्स वातुन।

इक्के राम लचमन अमिन सीता सिंगवेरपुरा अवतुर। अग्गा गुअ पारोयतोर राजाल राज किन्दुर। ओर कैंवटोरागा पुट्स मन्दुर अनिन कैंवटोहकरा राजाल मन्दुर। रामना ओर नक्कान मोरोदोर मीत मन्दुर। ओर रामिन नक्कान मोरोदोर मीत मन्दुर। ओर रामिन नक्कान मान कितुर अनिन ओर सअरतके दायलास अरजी कितुर। मति रामचंदराल इत्तुर—'नन्ना बवा हुकुम माने मायलास कोटुमतेन मन्दाकान।' ओर सपोय मुल मरा अडिय उंजसिन विइहतुर। लचमन अनिन गुह वियनाह पहरा हिसोर मन्दुर।

नकाइंज आत अस्के राम लचमन अनिन सोताल गंगा वेरेटा ओदा अवतुर। राम गंगा वंडलास गुह राजान उन्द डौंगा तइहतुर। आम अवडे तर्गं-विडीयतुर अस्के केंवटाल (जौंगाल) इत्तुर—"निम्मा मुन्ने नाक अयुनंग काल्क नोरलास हीम, नियांग काल्कना दुड़को अरलेते कदा पूर्त अडरा जूतता आड़ मिडूद (मारीय) परीन्ता, नावा डौंगा आतेक मराता आँद, ईद बाताय अउर मारीयतेक, नावा पट्टा करब आयार।" केंवटोना इद पोलोयतुन कैंजसिन रामिन कबस्त। ताना परके कैंवटाल ओडाते एर निहचिन तन्तुर अनिन मुवुरासनंग काल्क नोरतुर। अस्के छोर्कुन डौंगाते उपीहतुर। राम सुमन्तीन मलिहचीतुर। सुमंत नक्कान अपरे कीतुर, मति विचरागाल बाह केवेर। ओर अपरे किसोर अयोदया महतुर।

ताना परके ओर गंगा बेरेटुन वंडतुर। राम उवाट कीतुर। कैंबटान वंडीहलेता बाताय हिया लागयार। मति ओनागा बारांग मन्वाड़? सपोय (बान) विडारतुन आतेक अयोदया ते बिड़चसिन वास मन्दुर। सीताल माना पोलोयतुन तहकीतु। अद तुरते अपुना वड़ंजताह मुद्दा टंड्त अनिन रामिन हित। राम कैंवटानके आहचोर ईत्तुर—"पयूम! इद डोंगाता वंडीहले आँद।"

कैंवटाल गिरदा आतुर। रामनंग काल्क पयसिन इतुर—"अय महापरबु!

नेंड नन्ना बारांग कलियोन! निया हिया नाय विचार आतेक, नेंड आयो, मल्लीन पाहार, बाता बिचार आता हियाकीन।''

राम लचमन अनिन सीता नाकोड़चनाते बरा ओर बाताय पयोर अनिन कोड़वड़स हत्तुर। राम गंगा बेरे टुन पूजा (सेवा) कीतुर। सीताल गंगातुन अरजी कीत—''ओना मनता पोलोयतुन कंडें माई [सिद्द आई]।

ओर हत्तुर अनिन उन्द भरा अडीय नुलपे रोमतुर। नकाइंग पेर मुन्ने वीड़तुर। हरदे तिरवेनी कलियतुर। अगा ओर एर मीतुर अनिन संकर ना पूजा कीतुर। पेर परया—गराजते भरदुबाजना डेरा [लोते] हत्तुर। ओन गादीते उपी हतुर अनिन पंडींग बातांग तीहतुर। राम लचमन अनिन सीताना वायनाता कबिर हेरे-गुरेतोर मानये पुतुर। गोहोड़ता गोहोड़ मानेय ओन हुड़लास वातुर। रामचंदराल उन्द सोबता अग्गा उंजतुर अनिन नकाइंगे एस मीस मुन्ने दायलास जौंग आतुर। हन्नीन पाहार राम भरदुबाज बावान पूचे मातुर—''महापरबु! माट बद हरदाह दाकोम? भरदुवाज अपुन गाड़ोन पड़े-केवाल पेकान ओना संग किसीतुर। नेहना हरदे बायले पाहार राम पड़े-केवाल पेकान मली हचीतुर। कोटुम ते मन्वालोर मानेय रामिन इदामायो मया किन्दुर। राम बग्गा हन्दुर अधा उचुनायो मुल कोटुमते मन्वालोर हुड़ वांदुर। ओन रंग-रंग ताह पूजा किन्दुर। ओराते बोर सतुर आन्दुर। ओर राम लचमन अनिन सीतान सीने मान्दुर अनिन दुसोर मुड़ून ओर्कुन सीनाह किसीन्दुर। सपोय मुल इन्दुर—''राजा-रानीना इद पोलोय नेहना आयो। इच्चोन सोज राजापेकोरकुन अनिन पुंगार लेहकाड़ा कोड़ियाड़तुन कोटुमते लोहतोर।''

हन्नेक–हन्नेक ओर बालमीकि बावाना डेरा ते अवतुर। बाल्मीकि ओराकुन नक्कान मया ते पड़गाह कीतुर। ओर्कुन रोमीहतुर अनिन तिन्दालास माटींग–पंडींग हितुर। उन्द सोवता अद डेराते रोम्स राम बालमीकिन इतुर–"बदे मन्दाना लेहकाड़ जागा बेह।" बालमीकि बाबाल ओर्कुल चितरकूट ते रोमलास सूल हितुर अनिन इतुर—"अग्गा मीकुन सपोय बान्त कानह उसतार मन्दार।"

बालमीकिना डेराताह तेद्स मुवुरास चितरकोट अवतुर। अग्गा मंदाकिनी बेरेटेएर मीतुर। तिंजीन अगाडोर मन्वालोरा लावने लचमन रण्ड कुरमांग पंडतुर। उन्द उडिला, उन्द बरहा। मुवुरास अबडेन मन्दाना मूड़ कीतुर। अग्गा उचुनायो मुल बाबा–बयरागीर जुहे मान्दुर। ओर राम लचमनिन नक्कान मया कीन्दुर। ओर्कुन मर लेहका माने मान्दुर। राम बरा सेटे मुड्डून अपुना बाबोना लेहका समजे मान्दुर।

अध्याय - 5

दसरतना हायना

रामिन कोटुमते लोहचिन सुमंत अयोदया अवतुर। अस्के दसरत अनिन सअरतोर मानेय ओन रामचंदराना पोलोय पूचे मातुर। सुमंत जीवा उइच सपोय पोलोइंग वेहतुर। सपोय मुल कैंजसिन नक्कान किसे-वरतुर। दसरत कवसिलियान इत्तुर—"रानी! इंजेक नावा मारेंगा पाहार मोरोल अवता, ओहनाह अन्ता। नैंड नाक अपुना लयोर समोतरा पोलोइंग अनिन कानाल अव्वास बाबोरा सराप [बाके कीले] सुरता वान्ता।

'उन्द दिया नन्ना वेटा वलीयलास हंज मन्दान। बेरेटा ओदा मन्द। नुलपेड़ा पाहर। नन्ना कोटमतंग काजेर्क कानह जाकाते उद्स मन्दान। अच्चोने पाहार नाकुन उन्द लैंग वनाह आत। अदे लैंगते नन्ना उन्द काड़ असतान। नन्ना उवाट कीस मन्दान। बदे गेडात एन आयार। मति काड़ असले पाहार नाक बोरे कोटुम ते मन्वाना कहराह कियाना लैंग वनाह आत। नन्ना ओना मोरोल हत्तान। हुड़तान-ओरुर बावा पेकाना सातीते नावा काड़ गड्ता। ओर नाक हुड़सिन इतुर—'महराज! नन्ना निया बारांग नोकसान कीस मन्दान, निम्मा नाक असतीन? नन्ना अपुना अव्वास बाबोरा कानह एर तत्ता वास मन्दान। नावा अव्वास-बाबोर कानालोर अनिन मुदियालोर आतोर। निम्मा नावा अव्वास-बावोराग्गा हंज ओर्कुन एर उहचोभ।" नन्ना अव्वास बावोरा कानह एर पय्स हत्तान। ओर इत्तुर—"बेटा! उचुनायो जाम कीत।" नन्ना ओरांग काल्ककुन पय्तान अनिन किल्ल विडीयतान। नन्ना इतान—"महराज! नन्ना निया मर अयोन, दसरत राजाल आन्दान। नावा जुकले [गलतीते] निया मरीन नावा काड़ अर्त

अनिन ओर हातुर।'' पेर नन्ना ओर इर्वुरासकुन, अदे डेराते ओतान, बगा ओरा मर आस मन्दुर। ओर अपरे किया विडियतुर। ओर जीबा उइहचिन नाक [बाके किसीतुर] सराप हितुर—''बदाम माट मरना दुकते हान्तोरोम, रहे निम्मा बरा हायकीन। पेर ओर हातुर। ओरा सराप [बाके कीले] पन्द आया परो। अहे ओरा लेहका इजेक मरना दुक ते नन्ना हान्तोना।''

इदाम दुकता डहाते अपरे किसोर रामना पोरोय पयसोर दसरत हातुर। सपोय मुल नक्कान अपरे कीतुर। सुमंत दसरत राजाना मड़हीतुन नियदे अहच्सीन नेहना तस्सीहतुर अनिन नवकोरहारालोरकुन भरत अनिन सतरुगनि न अक्को-मामाना लोते केयलास लोहतुर।

तममोर इर्बुरास आतुर। हरदे ओर्कुन बच्चो के अडराय सगुन हित्त। सुअरते अबले परके भरत हुड़तुर-अग्गा बोरे गिरदा ते हिल्लेर। कयकयी तम्मोर इर्वुरासकुन पड़गाह कीत। भरतिन अपुना महादे ओत अनी ओन सपोय पोलोइंग वेह्त। केजसिन कमेक आतुर। और इतुर—''निम्मा याया इद बाता कितीन। निम्मा नाक इजैक अवनाह सीने माय परवीह बह? नन्ना दादाल रामिन कोटुमते लोहिचिन बदाम राज किया का? निम्मा बाता समजे माती, नन्ना इदाम किया परीन्तोना?

इहे बिचार कियाना मन्द आतेक नाक पुटताय साट बारा किया हबकवीन?'' इदम इंजोर भरतनंग कोडांग नेकनेरींग पौंग मूड़ अतुंग।

अच्चोंने पहर दासी मंतराल सिगँरम कर्स अग्गा बात। तान हुड्रस सतरुगनिन इदामायो होंगँ वात। और कबिर पुट्रसमन्द इद सपोय दस्तुर इदे मोंहगी ना आँद। और तान पयसिन इटूट मूड़ कीतुर। भरत औन विड़चीहतुर। लट-पट ते सतरुगन ना हौंग आर्त। ताना परके तम्मौर इर्वुरास कसूम ने कबसिलिया नाम हादे हत्तुर। कवसिलियान हुड़ताय साट और तानाँग काल्कने अरतुर अनिन पोट-पोट किल्ल बडयतुर इत्तुर ''याया! इद अडराय गिरहाते नाबा उडुन बरा कय मत्तेक, ठालीन हब्रकलेता, यायाना हब्रकना ता अनिन बाबोना हब्रकना ता पाप उद्दी। याया! नन्ना बाताय पुनोन।'' कबसिलियाल भरतीन डाडुस दोहीकचोर इत्त—''बेटा! इवडे अपरे कियानाता बाता पोलोय आँद। तेदा, बाबोना हुकुम केंजा अनिन रयतगुण्डाता रेक-डेक कीम। भरत इत्तुर—

"याया! इद बूतोनाबाते मुँडास पाहार्कने बरा आया परो।" तेना परके टोंडा तोर गुरू वसिस्ट बाबाल बातुर आनिन ओर भरतीन इदमायो समजाह कीतुर।

इद सपोय आयना परके अड्डी मूरुमते दसरतना आमुर काम कीतुर। सपोय आमुर कामता मारले परके भरत बसिस्ट अबडे बेहतुर, और राज केवोर। राज आतेक रामना आँद। मारेंगा ते इतुर "रामचंदरान केयलास कोटुमते दायकान।"

इद केंजाता पक्के भरत सतरूगन सअरते मन्वालोर अनिन सपोय अव्बहारीस्कना संग कोटुमतके हत्तुर। भरतना संगते पलटेन मुल अनिन राजगद्दीता विडार बरा पय्स हत्तुर। हरदे केंवटान राजाल गुह हुड़त्तुर। भरत पलटेन गोहड़तुन पय्रस दान्तोर। और उवाट कीत्तुरावेर रामिन कोट्रमते हउकलास दान्तोर। इहने और अपुना पलटेन्क मुडडून पय्स रामीपितीहलाय भरतना हरदे सेके कीस नीतुर। मति गुहीन तुरते कबिर पुटत भरत रामीन हवकलास हन्नोर मति (मान्तेर) ओना संग मिले-मायलास अनिन ओन मलिहचिन तत्तालास दान्तोर। अस्के पेर ओर भरतना नक्कान मान-दान कीतुर। भरत नुलपे अग्गान ऊंजतुर। वियत अस्के सपोय डोंगा ते गंगा बंडतुर अनिन भरदुवाज बावाना डेराते अवतुर। भरदुवाज बाबाल बेरा नक्कान मान-कीतुर। उन्द सोवता अद बेराते रोम्स नकाईंग भरदुवाज बावान रामना कबिर पूचे मास चितरकोट तके दायना मूड़ कीतुर।

अध्याय – 6

चितरकोटते भरतना भेटे–मायना

ओर चितरकोटते अवतुर, अस्केभरत उन्द जागा उण्डदुन हुड़तुर। ओर अपुना पलटेन मुडडुन रोमलास वेहतुर।

अच्चो पाहार राम लचमन अनिन सीताना संगे पड़ानंग पोलाइंग वड़कसोर मन्दुर। ओस्सान ओर पलटेन्कना कोलारतुन कैंजतुर। रामचंदराल इत्तुर– "लचमन! जियक हंज हुड़ा, इद कोलार बगाड़ाह बान्ता? लचमन उन्द मराता पोरो तर्गसिन हुड़तुर–भरत पलटेन्कना सँग बान्तोर। और हौंगते वास इत्तुर– "मावा बयरी भरत अवतुर। माक लड़ीयत कानह जौंग आस मंदाना आयार।" मति राम भरतना टकरतुन पुन्दुर। और लचमन ना हौंगतुन अरीहतुर अनिन भरतना बायना हर हुड़ बिडीयतुर।

भरत कोटुमते ओड़ीयतुर अनिन रामना डेराते अवतर। राम ओन लटपटते सोने मातुर। ओना मैंदुल रयस मन्द। मोहा पंड्स मन्द। किल्लसोर–किल्लसोर

रामनंगा काल्कने अरतुर। ओर इन्दा परोर। वड़ेर वत्स मन्द अनिन कोडांगनाह कनेरींग पौंड मूड़ आतुंग। ओर इच्चोने इंज मन्दुर—"दादा।"

राम ओन साती ते ओरँगतुर। इत्तुर—"लोते सपोय नेहना मनतोरसे? अँव्वास्क बाबोरा हय किंतोर से? बाबाल नेहना मन्तोर?"

भरत इत्तुर—दादा! नन्ना नक्कान कोटह करमनोनान आन्दान। यायाल कयकयीना अडराय गिरहा रन-बन कीसित अनिन अद बरा नाबा कानह। नन्ना नक्कान पापीनोनान आंदान। नीकुन कोटुम लोह्तनिया दुकते बावाल निया पोरोय पयसोर-पयसोर हातुर। ओना हायलेते सेटे अयोदया पोरटाल आत। मुण्डास रानीस्क रांडीस्क आंतुग। माट सपोय मुल इजेक मियाय आसरा ते मन्तोरोम। निम्मा बरहोन आंदीन। इदराम ने निम्माय राजते हक मन्ता। इजेक निम्मा अयोदया मल्स राजता रेक-डेक कीम। नन्ना नीक तत्ता बातोन। नावा संग राजगादीता सपोय बिडार मन्ता। निया बायबा लेवा आयोदयातोरा दुक कौंजो आयार।"

बाबो हाराना हायना कबिर कैंजसिन राम लचमन अनिन सोताल नक्कान अपरे कीतुर। दुकते अपरे मास राम अनिन लचमन नेदे जड़ग अरतुर। ओरा दुक तहरे मायो। इदामायो समजाह-बुजाह कियानाते ओर कमेक आतुर अनिन पेरगुरूना हुकुमते तम्मोर नालवुरास अड्डो मूरुमते बाबोन एर हीस अनिन पोतीहले नीरतुन बोहराय कीस आमुर काम कीतुर। सेटे मुल अद दिया बाताय तिन्वाय मुलीहतुर।

वियले पाहार राम भरतिन समजाह किया मूड़ कीतुर—"निम्मा अनिन अयोदयातोर मल्स हन्ट।" मति भरत कैंजोर। गुरु बसिस्ट अनिन मुण्डास

रानीस्कना अग्गा अबले पाहार लचमन अनिन सीताल सेठे मूड्डांग काल्कने कोड़वड़तर। राम बेर सपोय मुड्डुन मल्स दायलास समजाह कीतुर। मति भरत अपुना टेकते मन्दुर। मारेंगाते सेटे मुड्डा समजाह कियानाते बाबोना किरिया अनिन रामना निवायतंग पोलोइंग ओना समजते बातुँग अनिन और रामचदरनंग कटवाकींग पय्स अव्वहारीस्क गुरुलोरा अनिन रयतगुण्डा संग मल्स अयोदया बातुर। अग्गा नंदिगरामते रामनंग कटबाकींग गादीते माडाह कीस ओना पोरोयते अयोदयाता राज चलाह कोंदुर। अपुन रामना लेहका इरमाटींग तिंज तप कीसोर। ओना वायनाता हर हुड़न्दुर।

भरताना दायना परके राम उचुक दियांग चितरकोटते मन्दुर मति अयोदयातोर मानेयकुन ओना मन्दाना डेरातुन पुँज मन्दुर। इदरामने बच्चो पाहार इत्तेक अच्चो पाहार ओर रामनगा बान्दुर, हन्दुर। रामचंदरान इद नेहना ओप्पो। अदामने ओर लचमन अनिन सीताना संग अगाड़ाह हत्तुर। हरदे अतरी बाबाना डेरा (लोन) कलियतुर। बावान लोता अनसूया ओरा सपोय मुड्डा मान-दान कीत अनिन सीतान नेहना गतील हीत। सपोय मुड्डुन नेहना गाटो तीह्त। जियक मंज अगाड़ाह ओर मुन्ने बरसतुर अनिन दण्डककोटुम (वस्तर) ते ओड़ीयतुर। अगा ओर उच्चुनायो मुल बावा-बयरागीरा डेरा हुड़तुर। राम लचमन अनिन सीताना सोबातुन सपोय कोटुमते मन्वालोर तान गिरदा आस हुड़तुर। बावालोर ओरा नक्कान मान कीतुर। कोटुमते मन्वालोर उचुनायो मुल ओर्कुन हुड़ वातुर। राम लचमन अनिन सीता अद इकाट बाबालोरा डेरा ते रोमतुर (काटे कीतुर)। नकाइंग ओर बावाना गाड़ाह पयस मुन्ने बरसतुर।

हरदे ओर्कुन सरबरंग बाबाल अनिन सुतीचन बावाना डेरा कलियतुर। ओर सपोय अगा रकसास्कना पापनंग उचुकायो पोलोइंग वेहतुर। अपुना दुकतुन वेहतुर, बदम रकसास्क बास ओर्कुन बानी-बानीता डंड हिन्तांग। ओरा तपते अनिन पूजा कियानाते बिटाह किन्तांग। औरा पोलोय माने मायवेक (के जवेक) हवकसीन्तोर। रामचंदराल ओरा दुकता पोलोय कैंजसिन नक्कान जीवा उइहतुर। ओर किरिया कीतुर—'इद राजतंग रकसास्ककुन कचित ह्वकीकान'। ताना परके हन्नेक-हन्नेक मुवुरास अगस्थ बावाना डेरा ते अवतुर। अगस्त्य बावाल नकान मान-दान कीतुर अनिन इत्तुर'—इगाडाह आट कोस्क

जेकते पंचवटी पोरोयता उन्द नक्कान नेहना डेरा मन्ता। अगाडांग पंडींग-माटींग, एर नक्कान नेहना मन्ता। इदरमने मीट अगान हंज लोन पण्डाट अनिन बाबीना हुकुमतुन माने-मासोर अगा मन्ट'। राम लचमन ब्रावान कोड़वड़तुर अनिन पंचवटीतके हतुर।

अध्याय - 7

पंचवटीते

ओर पंचवटी अवतुर। अग्गा मन्वालोर वयरागीर ओर्कुन पड़गाह कीतुर। लचमन कार अनिन मराकना उन्द टिकामना लोन पंडतुर अनिन उन्द उडिला वाडुम बरा पंडतुर। इगा राम उडिलोर तम्मोर अनिन सीताना संग मन्दा मूड़ कीतुर।

राम लचमन अनिन सीतानंग दियांग पंचवटीतगा गिरदाते कटे मान्दुँग। उन्ददिया सुरपनका पोरोय ता उन्द रकसाल आड़ हक्के पसीयत। अद रामिन हुड़त, अस्के अद ओना पटाड़ मौंज्त। रामना मोरोल हज इत्त—'निम्मा नाक

मरमींग कीम।' इद पोलोय कैंज्स राम इत्तुर—'नावांग आतेक मरमींग आतांग। निम्मा नावा उडिलोर तम्मोन इन।' ओर मनकरलेक निया पोलोयतुन माने मया

परनूर।' सुरपनका लचमननगा हत्त अनिन ओन मरमींगना पोलोय वेह्त। लचमन इत्तुर 'नन्ना अपुना बरहोर दादाना बगेत आन्दान। निम्मा नावा आड़ आतेक, ओना दासी आस मन्दा लागयार। इदामने नेहना आयार, निम्मा रामचंदरानगा हंज ओने अपुना पोलोय वेहा।'

इदेन कैंजसिन सुनपनका हौंगते कोडांग नत्तराल कीस रामना मोरोल हत्त अनिल इत्त—'निम्मा अपुना इद आड़दा कानह नावा पोलोयतुन कैंज माने-मायवीन। इदराम ने नन्ना तेन इजेक हव्कीन्तोना।' इच्चोन हंज अद सीतानके लपके मात। राम सीतान लोता लोप्पा दायलास इत्तुर अनिन अपुन विल्क-काडींग पयस नितुर। इचोड़ेन लचमन वातुर अनिल ओना आड़ो समजे मास सुरपनकानँग मोसोह्क कव्वींग रोचतुर। अद किल्लसोर-केयसोर अपुना दादाहाराल करदूसननगा हत। खरदूसन रावोनना उडिलोर तम्मोर हाराल अनिन इद राजहोर राजाल मंदूर।

नत्तुरते बिटबिटा आस नेदे मुटले अपुना हेलाड़ीन कहराह कियाना हुड़स रकसाल खरदूसनिन हौंग वात। ओर पूचे मातुर—'हेलो! इद बाह आत? सत-सत वेहा। निया इह हाल बोर कितोर? महाराज रावोनना हेलाड़ना इद गत कियाना पेन्कना राजाल इंदर बरा किया परोर। बोर आंदुर ओर। ओना आमुर ओन केइन्ता।''

दादाहाराना हौंग अनिन डाडुस दोहनंग पोलोइंग कैंजसिन सुनपनका कनेरींग पोहचोर इत्त—'इद कोटुमते इर्वुर लयोर पेकोर वातोर। ओर नक्कान सोब्लेर पेकोर अनिन अडरा जूततोर आँदुर। ओर अपुन्क दसरत राजाना मक वेहीन्तोर। ओरा पोरोय राम-लचमन आँद। ओरा संग उँद आड़ मत्ता। तानाय किरक्त नावा इद गत आता। नावा विचार मन्ता—'निम्मा नावा अड्रा गतता विड़दा पयूस ओर मुवुरासकुन ह्वकसीम।'

इदेन कैंजसिन खरदूसन अपुनोर सुवालोरकुन अनिन नेहना लड़ीय केवालोर रकसास्ककुन केयूस ओर्कुन सेटे पोलोइंग समजाह कीतुर अनिन इत्तुर—'मीट वेर मुवुरासकुन हवक्सीताट।' खरदूसनना हुकुम कलियसिन रकसास्क हन्तुँग। राम-लचमन अनिन सीताल अपुना लोते उदूस मन्दुर। रकसास्क कोलार-किसोर ओरा पटाड़ अह्चतुंग। राम तुरते ओरा संग लड़ीय किया विडीयतुर।

ओर पोलाय–पोलोयइंगने रकसास्ककुन ह्वकतुर। बोर पिसतुर, ओर वितसिन खरदूसनिन सपोय पोलोइंग वेहतुर। खरदूसन अपुना मेंदुदा बाहिर आतुर। इत्तुर—'नन्ना इजेक ओर मुवुरास कुन हवकीन्तोना।' इदेन कैंजसिन ओर अपुना तम्मो दूसन ना संग लड़ीय किया हत्तुर।

इक्के राम लचमनिन इत्तुर—'नावा तिनांग कय असकुडींग मिड़कीन्ता। इवडे पुनाह आन्ता। नक्कान साँडे माई लड़ीय आयार। बेव रकसास्ककुन ह्वकले आता। अवेना विड़दा पय्लास ओरा मुकयाल कचित वायनुर। निम्मा सीताना संग उन्द पाँजाते हन। नावा जीवा केमाट। नन्ना रकसास्ककुन ह्वकसिन साँडे मियागा वायकान।'

लचमन सीतान पय्स उन्द पाँजाते हतुर। ओरा दायना परके विल्क-काड़ींग पय्स लड़ीयत्क कानह जौंग आतुर।

खर रामिन लड़ीयत्क कानह जौंग आयले उड़सिन ओना पटाड़ अपुना सपोय रकसास्कना संग ओस्सान लड़ीय कीसीतुर। रामचंदराल उंद हुड़ताह रकसास्कना नडुम आतुर। मति ओर उचुन बरा वरियोर। ओर रकसास्कनंग असलेंग काडींगनूँग कद्सिन ओराय पटाड़ अपुनंग काडींगने अस्सोर हन्दुर। जियकुटा गड़द मुसांग लड़ीयता पक्के रकसास्क गोहोड़ता पलटेन हारे माया मूड़ आत। ताना परके खर दूसरन अनिन ओना पलटेन गोहोड़तोर मुकयाल तिरसीराल अपुना सँगतोर रकसास्कना संग ओस्सान रामना पटाड़ लड़ीय किसीतुर। मति राम हुड़नेक–हुड़नेक सवदा हजार रकसास्क खरदूसन अनिन तिरसिरान ह्वकसीतुर।

अध्याय - 8

मारीचना जाड़पना

पंचवटीते बग्गा रामना डेरा (लोन) मंद, तान दण्डकारण्य कोटुम इन्दुर। तान मानेय डेरा बरा इन्दुर। रामना कयदे लड़ीयते सपोय रकसोस्ककुन हवकतुर मति राबोनना ओरुर रकसाल अंकपन पिससीन मन्दुर। ओर हंजीन लंकातोर राजान राबोनीन सेटे कबीर वेहतुर।

हक्के खर-दूसनना हाले ते दुक, हौंग अनिन मोसोह्क कव्बींग रीचलेते निसमार आस बिड़दा पयना विचारते सूरपनखा बरा रावाननगा हत्तु।

राबेनना मुन्ने हंज अद अडराय किल्ल विडीयत अनिन इत्त—'हुड़ा निया मनाह हेलाड़ना इदगत, किनी-पुतीतोर इरवुर मानेय किसीतुर। नीक अपुना

राजता बाताय कबीरे हिल्ले। नियाय राजते निया तमोहक अनिन ओरा पलटेन्क कुन ओर राज-कुबोर हवकतुर। ओरा सँगते उन्द अड़रा जूतता आड़ माता। अद इद सपोय बहचाड़ता दूर आँद। निम्मा नावा इद निसमारता बिड़दा पय्म। अद आड़दुन पय्स तास ओर राज-कुबोर्ककुन ह्वकसीम।'

सूरपनखाना गत (हाल) हुड़सीन अनिन ताना अनिन खरदूसनना नबकोर अंकपनना कबीरते सपोय पोलोइंग समज अर्त। ओना मनते सीतान कल्ललास अनिन राम-लचमनीन ह्वकलास कंजा कितुर। सूरपनाखान बानी-बानीते समजाह कितुर अनिन डाडुस दोहचीन। ओर अपुना वड़ीयते दायनारतते मानेय मन्दाना डेराते मारीचना लोते अवतुर। वेर ओरे मारीच आन्दुर। बोन विश्वामितराना पूजा (जग) ते राम बायलेबा काड़ते अस्सीन मन्दुर अनिन अगाडाह तूड़स ओर इगा मानेय मन्दाना डेराते अरस मन्दुर। अस्केड़ाह ओर इगान तप किया बिडीय्स मन्दुर।

राबोन मारीचीन सपोय पोलाइंग वेहतूर। सीतान कल्लना अपुना पोलोय बेहतुर अनिन तान कानाह लाब तलीह्कतुर। मारीच रामना लाबतुन मंदुर। ओर रावोनीन अपुना पोलोय बेहचोर समजाह कितुर अनिन इद अडराय

बुतोताह कौंजीहलास अरजी कितुर। मति राबोन अपुना डोडायते निच मन्दुर अनिन ओन हबकीकान इंज़ोर बरीहतुर। मारीच मुदियाल आस मन्दुर अनिन

दुनयाता लन्द–पुन्दताह कौंजसीन उन्द कोटुमते बरोरे पट्टा पोसे किया बिडियस मन्दुर। राबोनना इद पोलोय कैंजसीन ओर उबाट कीतुर। राबोनना कयदाह हायना सेती, रामना कयदाह हायना नेहना आँद। इदरामने ओर राबोनना बेहल बुतो तुन कियाला जाँग आतुर।

राबोनना उवाट मंद मारीच सोनता चितराल मारीयूस रामना लोता मुन्ने हन्नीर अनिन सीता अपुनानके पिंड़ंगीर। सीताल अद सोनता चितरादुन हुड़स पयलांस रामीन कौंड़ोंचयार। राम चितरादुन पयलास वायनुर। ओन अपुना पक्के वित्स वायना हुड़स उचुनायो जेक कोटुम ते ओयकीन। रामना दायना पक्के बोदे नीसते लचमनीन बरा लोताह जेक लोहचीयाकीन अनिन अस्के ओर बाबाना गतील उर्चसीन सीतान अपुना रतते उपीहचीन (ओयकीन)।

तेना पक्के रावोन मारीचीन अपुना सँग रतते उपीहचीन रामना लोता मारोल (हेरे) अबीड़चीतुर। मारीच उन्द अडरा जूत सोनता चितराल मारीयतुर अनिन लोनता हेरे इक्के हक्के डेव मूड़ कितुर।

सीताल हुड़त उन्द अडरा जूतता चितराल लोते करसीन्ता। चितरादा पटाड़ इन्दरता बिल पंडले आस मंद। ताना मेन्दुल सोनता मंद अनिन बगान–बगान करियाल अनिन पाँडराल नीलमोहरता लेहका किस पसीइन्ता। अद तान हुड़सीन अकचके मात। इदराम ने लचमनीन केयूत। सीताना केयना कैंजसीन तम्मोर इर्वुरास वातुर। सीताल ओन इत्त—"हुड़ाट! इद चितराल बच्चोन ओपता। नावा बिचार मंता तान पयम्ट। इगा मावा मन बुरले मायार।"

इदेन कैंजसीन लचमन इत्तुर— ? चितरालदा लेहका ओह्नाह आयो। इद मारीच पोरोयतोर रकसादा लेहका (उडीन्तोर) पुनाह आन्तोर। ओर बाताय

बरा मारीय परीन्तोर। ओर इदें कोटुमते मन्तोर। इहना चितराल आतेक इन्दरपुरा (जोजनपुर) ते बरा ःटपटते कलियनाह आन्ता। इद नेदा आत्तेक पोलोये बिड़िचसीम।'' मति सीताल कौंड़ोंचसोर मंद। राम इत्तुर लचमन सीताल इद चितरादके मौंज्त। इदाम ने नन्ना इद चितरादून पय्स बान्तोना। नन्ना तेन जीबोत तत्ता परके, ह्वकसीन तताकान। तेना तोल बरा बच्चोन ओपता। निम्मा समरे मास मन्दाक इगा रकसास्क बारांग आयो बारांग मारीयस बलियसोर मन्तांग। सीतान बरायतुन बिड़चेमा।

इद इंजीन राम चितरादुन पयलास हत्तुर। चितराल मारीयलेर मारीच हुड़तुर। ओन पयलास रामबान्तोर। ओर बितीतुर। राम ताना परके बितीतुर। चितराल बस्केन मोक्न्द, बस्केन मून्नकेड़ागा बान्दा। इदाम किसोर अद ओन उचुनायो जेक ओत। अस्के राम इद हुड़तुर। अद पय पय हेवो इंजोर काड़ असतुर। काड़ अरताय साह मारीचना मुड़याल मेन्दुल तोहनाइ आत। हाइन पाहार ओर लावमैंड केयतुर—''अय लचमन''! ताना परके ओर हातुर। इजेक रामीन कबीर पुट्त इद आत्तेक मन्द (दौका) आता। लचमन ना पोलोय कचित सत पसीइयत। ओर उबाट किया मूड़ कितुर। मारीचना लैंग कैंजसीन सीताना बाता गत आता आयार। राम इदाम उबाट कीस लाब मैंड लोताके (डेरातके) वित्ते बातुर।

इकके सीताल 'अय लचमन' ना लैंज कैंज्त। अद बकरे मास लचमनीन इद—''लचमन सांडे हन अनिन अपुना दादान लाव हीम। इदाम पुनाह आन्ता। ओर रकसास्कना कयदे बरतोर। ओना पटाड़ गिरहा बाता। नन्ना ओना लेहा मदा परोन। निम्मा सांडे हँज ओन लाव हीम।''

लचमन इत्तुर—''रानी, निम्मा अपरे केमा। रामना बोरे बरा (नोकसान) किया परोर। राम निया राकाता बोज नाक ओपे किसीतोर। नन्ना ओना लेवा पहार नीक वराय बिड़िच परोन। निम्मा जीवा उडिला केमा। राम नेहनाय मन्तोर आयनुर।''

सीताल बरीयले चितराल लेहका आसोर मन्द। इदामायो अपरे कियानात्क कानाह ताना सेत-बुद मरीगंस मन्द। अद लचमनना पटाड़ नीस किसोर इत्त—''नन्ना समजे मातान। नीक बदाम अपुना दादाना जीवा हिल्ले। ओर हायेर बरा

आतेक नीक बाताय दुक आयो। निम्मा ओन बिड़िचसीन नाक तत्ताना उबाट किन्तोन। निया (उबाट) पोलोय अडराय आँद। मति इद समजे मास नन्ना ओना लेबा इद नेटे जियक बरा जीवोत मन्दाना बिचार केवोन आयकान। हन नावा मून्नकेड़ाहा (मून्नेताह)''।

सीतानंग इव रट्ट पोलोइंगनुँग कैंजसीन लचमन सिमसाम आतुर। ओना जीवा उयत। मुन्ने आतेक समजते वायो बाह कियाका। मति सीताना हाल हुड़तुर अनिन अपुना पटाड़ ताना इद विचार हुड़तुर। ओर नक्कान जीवा

उइह्च इत्तुर—''निम्मा नक्कान आवनंग पोलोइंग नाक इत्तोनीन। रामना हुंकुम आँद। नीक नन्ना वराय विड़चोन। मति नियांग मन तंग पोलोइंग अनिन निया हुकुम नाक रामना मोरोल दायलास हराह किन्तोनीन। बेहना आंद। नन्ना दान्तोना।''

इन्चोन इंज लचमन लोतासर ने उन्द डाँड पिडिंगसीन इत्तुर—''निम्मा इद डाँडता बाहिर हनमा। इसपुराल निया राका कियार।'' इच्चोन इंज ओर लाव मैंड ओनाके इत्तुर बद बड़काड़ाह लैंग वास मंद।

अध्याय - 9

सीताना कल्लना

रावोनना चाल जीत आत। और उड़तुर राम अनिन लचमन लोताह उचुंनायो जेक हत्तोर। अस्के मेंदुदे कमकोल गतील उरचसीन बाबाना मुहरम पँडतुर। आर रामना लोता हेरे अवतुर अनिन बाहिरताह केयतुर—"बाबान मुट्टी हिम्ट।" सीताल बावाना लैंग कैंजसीन अपरे किसीर। उवाट कीत। बाबान चुचाय कय हन्दा हियाना आयो। लोते बब इर माटींग मन्टुंग। अद पय्स लचमनना पिडिंगले डाँड लोप्पाडाह हिसोर मन्दु। इदेन उड़स रावोन इत्तुर— "रानी, माट बाँदन अर्ले मुट्टी ओयोम। इद डाँडता बाहिर वास मुट्टी हीम। माट बावालोरोम। नीक बाताय बरे हिल्ले। बाँदन अरले मुट्टी हित्तेक नीक सराप उदयार।"

बावाना मुरहम राबोनना इव पोलोइंग कैंजसीन सीताल वरीयत अनिन लचमनना पिडिंगले डाँडता बाहिर वास मुटटी हिसोर मन्द। अच्चोन पहर रावोन अमुना मुड़ियाल महरम तोहतुर अनिन बूम पोरोड़ा दरदाह लंकातके परीयतुर। सीताल अपरे किसोर—"अय राम, अय लचमन" केयना मूड़ कीत। अच्चोन पहर ताना कौंडा जटायुना पहाड़ अर्त। अद केयस इत्त— "अय जटायु। इद रकसाल नाक पोरटी पेकोड़ लेहका पय्स ओन्ता। तेना कयदाह पिसीहा।"

गिदास्कना राजाल जटायु सीताना अपरे कियाना लेंग कैंजसीन राबोनना पटाड़ पेह्चत अनिन इत्त—"पापी सीतान बिड़िचसीम, आयवेक अपुना मारँगा गड़ी मोरोल अब्त समजे माम। इच्चोन कैंजसीन राबोन होंगते हबकलास

पूड़तुर। मति जटायु राबोनना गावते अपुन पिसीहत अनिन अपुना मुकोर अनिन मारेकींगने पेहचनाते गाबेल आसीन रावोनीन तर्मराह कीसीत। बस्के राबोनीन सेत बात, अस्केबिदे काड़ आँदे कीस जटायुन अस्सतुर। अच्चो पहर बरा जटायु आवेंडतुन मुकोटे कदसीत। अस्के रावोन तरबार पसीहतुर अनिन डेबस जटायुना मारेकतुन कदसीतुर। मारेक दँगत अदमने जटायु नेदे अर्त। परीयलास तानागा लाव हिल्ले। मबका (पाग) उड़स राबोन बितीतुर। इजेक सींतान कानह बदे हर हिल्ले। अपरे किसोर हन्द। अद अपुना मेंदुदंग नेर्क, गतीलींग कर्रलेंग सिंगरामकुन अडीय बाट मूड़ कीत। बदरम इत्तक बस्केन राम-लचमन तान पर्कसोर-पर्कसोर बात्तेक ओर्कुन कबीर पुटी।

इदम हन्नेक-हन्नेक सीताना कोंडा उन्द मट्टाता टींगते उदलेंग मूस्कना पटाड़ अर्त। अब मूस्क बरा सीतान बूम पोरोड़ा हरदाह ओयना अनिन अपरे कियानातुन उड़तुंग। सीताल मूस्ककुन उड़सीन उवाट कीत। इव मनकरलेक रामीन नाबा कबीर (पोलोय) बेहनुँग। अदमने अद अपुना गतीदा उन्द पूय ईक्त अनिन अवडे अपुनंग पिसलेंग सिंगरामकुन मोटरा कीस मुस्कना ना

नडुम अरीहचीत। मूस्क वित्स अदेन पयतुँग। अब बारांग उड़ीनतांग। राबोनना रत नक्कान लावते मुन्ने वर्स्त। अब बाताय उड़ींग अनिन केवींग इच्चोटेन रावोनना रत लावते मुन्ने बर्स्त। मूस्ककुन सीताना किल्लनाता लँग वनाह आँद।

राबोन सीतान लंकाते ओतुर। तान बुरलाह कियालास अपुना अडरा जूतता मअल अगांडांग-ओपलेंग (नेहांग) बिडारोंग—अनिन उचुनायो मुन्न बूतो केबालोरकुन लोहचीन इत्तुर—"नीक नन्ना जोबात्कले बरा बीड़सीन मया किन्तीना। इदरमोने नीक नन्ना कल्स तत्तोन। निम्मा नाबा पटरानी आस सेटे जागांग राज कीम।" ओर सीतान बुरलाह कियालास रंग-रंगतंग पोलोइंग वेहतुर। ओर उचुनायो मुल रकसास्ककुन सीताना हय कियालास तास्सीतुर। मति सीताना पटाड़ ओनांग इव पोसोइंग आटोंग। इच्चोटे-इच्चोटे रावोनीन नक्काना होँग बात। अस्के ओर सीतान असोक बगेचाते लोहचीतुर अनिन तिरजटा पोरोयता रकसाल मुत्तेना रेक-टेकते उचुकायो रकसास्कुन ताना राका तासीहतुर।"

अध्याय - 10

जटायुना हायना

मारीचीन हव्कसीन राम मलतुर। अस्के हरदे अडराय सगुन आया मूड़ आत। बेहेंग केय मूड़ कितुंग। ओर उवाट कितुर। बाताय अडराय पोलोय आता आयवेक आयना आयार। अस्केन बेहेंग इदाम केइन्तांग। ओना मनते इक्के-हक्केडांग पोलोइंग सुरता वातुंग। ओर अपने किया मुड़ कितुर। इच्चोटेन उचुन मुन्ने वर्सतुर अस्के हरदे लचमनीन कलियतुर। राम ओने पूचे मातुर—"लचमन निम्मा सीतान कोटुम ते बयरातुन बिड़िचसीन बदाम बातीन?"

लचमन सपोय पोलोइंग बेहतुर। ओर सांड-सांड लोतातके वातुर। लोते (डेराते) अव्स बारांग उडीन्तोर सीताल अगा हिल्ले। राम इक्के-हक्के पर्क मूड़ कितुर। लचमन ओन ढाडुस दोहतुर। पेर तम्मोर इर्बुरास सीताना कोज्ज हत्तुर। हरदे सीताना दुकते जीवा उइचीन मरा-गुट्टा अनिन पिटे जड़यांगनुँग सीताना कबीर पूचे मान्दुर। ओर ढाडुस बिड़िचसीन मन्दुर। उच्चुने जेक हनले पर्के माईं गमाइंग काल्कना अनिन रतरतंग हिडींगनंग सीनांगनुंग उड़सीन। इर्बुरास सुतुर कितुर। बदे पड़योर रकसाल सोतान कल्स बूम पोरोड़ा हरदाह ओत्तार। इदेन उड़ूस तम्मोर इर्वुरास नक्कान जीवा उइहतुर। परकसोर-परकसोर हरदे जटायुन ओर कलियतुर। जटायु इत्त—"सीतान राबोन कल्स ओत्तोर। अद 'अयराम' इंजार अपरे किसोर किलन्द। नन्ना ओन तहराह कित्तान, मति ओर तरवारते नावा मारेकतुन कदसीतर। इजेक नन्ना हानाह आतेना। पापो राबोन नादा इद गत कीसोतुर आनन बूम पोरोड़ा हरदाह सीतान ओतुर।

इह इंजोर-इंजोंर जटायु हात। रामाना दुक नक्कान बर्स्त। ओर अपरे

किसोर किल्ल बिडीयतुर। तम्मोर इर्बुरास जटायुन पोतीह्चीतुर अनिन मुन्ने स्वर्तुर।

हन्नेक-हन्नेक इरवुरास उन्द कोटुमते अवतुर। अगा ओर बारांग उड़ीन्तोर उन्द नक्कान अडरायता रकसान लावमेंड केयसोर वान्ता। ताना साती मट्टा लेहका ओसार अनिन माईमन्द। मति ताना तलाय अनिन बडेर हिल्ले। अद रामीन इत्त—"निम्मा इद कोटुमते वायलास बदम ढाड्स कीती ? इजेक निम्मा इगाड़ाह जीवोत हदा परवीन।" अद इच्चोन इंज मन्द तम्मोर इर्बुरास वित्सीन तानांग कयककुन कद्सीतुर। कय्ककुन कदतुर अस्के अद मूट्त। अद इत्त—"पड़योहक नन्ना मियासंग हारे मातान। निम्माट बोर आँदीर ? मीट अपुना पोलोय बेहाट।" लचमन अपुना पोलोय वेहतुर—"माट अयोदयातोर राजा दसरतना मर्क राम अनिन लचमन आन्दोम।" ओर नक्कान गिरदा आतुर। ओर रामीन वेहतुर—"नावा पोरोय कवन्द आँद। मीट नाक उन्द खोदराते नेहचीम्ट अनिन नाबा आमुर काम कोसीम्ट। नन्ना वाबाना सरापते इद मेंदुल, कलियस मन्दान। इजेक नावा पुन्न आत।" इदेन कैंजसीन राम अनिन लचमन ओन खोदराने नेहचीन बरकींग कुपा कीतुर अनिन किस पोतीहचीतुर। खोदराताह कबन्द तोड़ अनिन अडरा जूततोर मानेय मारीयस पसीयतुर। ओर राम अनिन लचमनीन कोड़बड़तुर अनिन मूस्क्ना राजाल बालीना तम्मोरहाल सुगरीबना (कबीर) डेरा बेहचीन इत्तर—"मीट ओन गोत कीम्ट। ओर मीकुन सीताना कोज्ज कियानाते लाब हियानुर।" ओर ओन रिसीमूकं मट्टाता डेरा बरा बेहतुर। अगा सुगरीव अपुना संगतोरा संग मन्दुर। फेर तम्मीर इरबुरासना असीस कलियसीन ओर जोजनपुर इत्तुर।

तम्मोर इर्बुरास कवन्दना वेहले हरदे मुन्ने बर्सतुर। हरदे ओर्कुन सबरीना मन्दाना डेरा कलियतुर। सबरी सबर-जातता उन्द आड़ आँद। अद ओर्कुन उड़सीन नित्त अनिन अद तम्मोर इर्बुरासकुन कोड़वड़सीन ओरा मान अनिन पूजा कींत। इत्त—''बगबान, नन्ना अपुना गूरूना हय किसोर मन्दान। उन्द दियाओर नाक बेहत्र। इद डेराते राम अनिन लचमन बायनुर। ओर इर्बुरासकुन निम्मा मान कियाक। अस्केड़ाहके नन्ना मीवा हर उड़सोर (मन्दान) मन्तोना।

इदेन कैंजसींन रामीन गिरदा बात। सबरी राम-लचमनीन नक्कान मयाते जुहाह किलैंग रेंगा पन्डींग तिह्त। ताना परके अद बगबान रामना अरजी कीत अनिन जोजनपुर हत्त।

अध्याय - 11

सुगरीवना संग मीत दोहना

तम्मोर इरबुरास फेर मुन्ने वर्सतुर। हन्नेक-हन्नेक रिसीमूक मट्टाते अवतुर। सुगरीव जेकताह राम अनिन लचमनीन उड्स वरीयतुर। ओर अपुना मन्तरीन हनुमाननीन इत्तुर—"निम्मा बावाना मूहरम पंडसीन हन अनिन ओना कबीर ताय। वेर मानेय ओर आँदुर ? बगान नाक बाली हउकलास वेर्कुन लोहोर बाह।"

हनुमान बाबाना लेहका मारीयसीन इत्तुर अनिन राम-लचमनना संग ओर पोलोइंग पूचे मातुर। राम लचमन बेहतुर—"माट अयोदयातोर राजा दसरतना मर्क आन्दोन। यायाल कयकेयीना अनिन बाबाल दसरतना हुकुमते कोटुमते बातोरोम। इगा रकसास्क सीतान जाड़पसीन कल्स ओतांक। ताना। कोज्जते माट कोटुमते बलिइन्तोरोम।"

इच्चोन सोज अनिन मिठासते बड़कतुर, हनुमानना मया रामना पटाड़ उदीत। हनुमान सुगरीबनंग बरा पोलोइंग बेहतुर अनिन तम्मोर इर्बुरास कुन सुगरीबना मन्दाना डेराते ओतर। सुगरीव रामना संग नक्कान गिरदाते भेटे आतुर। ओर सीताना कयदाह अरचलैंग सिगरमकना, अद मोडरा बरा तम्मोर इरबुरासकुन तोहतुर। तम्मोर इरबुरास सिंगरमकन सीने मातुर। इब सीतानंगे आतुंग।

ताना परके किसता साकीते सुगरीव अनिन रामना मीत दोहनाता पोलाय आत। सुगरीव सीतान कोज्ज कीस तताना ता किरिया कीतुर अनिन राम बालीन हवकसीन सुगरीवीन ओना राज हिइहना किरिया कीतुर।

ताना परके सुगरीव अपुन सपोय पोलोइंग रामीन वेहतुर। ओर वेहतुर—"नावात्कले बरेहोर दादाल बाली नाक हल्ससीन लोताह पसीह्चीतुर अनिन

नावाराज अनिन आड़ दुन (लोतान) उन्दीतोर। नन्ना नक्कान दुकते अरतोना। निम्मा नावासंग हीम। ओना बइर इजेक अवनाह नाबा पटाड़ु मन्ता।

राम बालीना बइरता पोलोय पूचेमातुर। सुगरीव वेहतुर—"नन्ना अनिन वाली किसकिन्दा सअरते राज किन्दोम। उन्द दिया माट अपुना मआदे उंजसोर मन्दोम। मायावी पोरोयता उन्द रकसाल वास माक लड़ीयत्क कानाह सुरवाह कीत। वाली लड़ीयत्क कानाह जोंग आतुर। नन्ना बरा आना संग हत्तान। सअरता बाहिर वास वाली अनिन अदरकसाल वहच विडीयगतुँग। वाली रकसादुन हराह कीतुर अनिन रकसाल वरीयस् वितीत। वाली ताना कोजकीतुर। अद रकसाल वितसोर-वितसोर उन्द पांजाता लोप्पा ओड़ी-यत। वाली बरा ताना परके-परके पांजता लोप्पा ओड़ीयतुर। पांजाता लोप्पा हन्नीन पहर इत्तुर-हयँगल नलेस्कना लोप्पा मल्वेक निम्मा समजे मायकीन। वाली हातुर। नन्ना "हयुंगल नलेंस्कना लोप्पा पांजाता हरदे उद्स मन्दान उचुकायो दियांग परकुे पाँजाता हरदाह नत्तुर ता माई मोड़ा परीय्त। तान उडस नन्ना उवाट कितान। बगान अंद रकसाल नावा दादान हबकोबाह अनिन बगान मल्स अर्दनाक हबको वाह, इदरमने, नन्ना उन्द भाई कदुन पाँजाता हरदे माड़ाह कीसीन अनिन ताना टोड तिड़ीहचीन वातान। नना दादाना हायना पोलोय मोकीहच मन्दान। उवाट कीस मन्दान। मति मन्तरीलोर इब सपोय पोलोइंगनुंग पुत्तुर। ओर नाक उपेड़ किसकिन्दातोर राजाल पन्डसीतुर। इक्के बाली रकसादुन हवक्स मलतुर। नन्ना राज मुकुट रेह्च ढाढानंग काल्कनगा माड़ाह किसीतान अनिन इत्तान—"दादा निया लेबा किसकिन्दा सअर सिमसाम मन्ता। सपोय मुल निया उड़न्दुर। निम्म बातीन। पय्म निया राजमुकुटतुन अनिन राज कीम।"

मति बाली इदमायो होंग आस मन्दुर। ओर नावांग पोलोइँग नके एत केवोर। ओर गलजसीन इतुर—"पापी, नन्ना रकसादुर हब्कसीन पांजाता बाहिर पसीय विड़ीयतान अस्के अगा उडियालो कल कलियतान। नन्ना रन्ड-मुन्ड पहर्क नीक "सुगरीव-सुगरीव" इंजोर केयतान, मति बदे हल्का वायो। नन्ना फेर कदुनलात् ते आर्स कोंजीहतान अनिन इगा वासीन उड़ीन्तोनान। निम्मा नावा आमुर काम कीस राज किन्तोनीन। पोसा, पापी नीक अपुना कीलेता नफा नकीहन्तोना।" अनिन इच्चोन इंज ओर नाक अल्ससीन लोताह अनिन

राजताह पसीहसीतुर अनिन नाबा लोतान अपुनगा तासतोर। इजेक नन्ना नया लाव तल्लीह किन्तोना। निम्मा वालीन हव्कस नाक पिसीहा।''

राम पूचे मातुर रिसीमूक मट्टटा आत्तेक वालीना राजते मन्ता। ओर दीक इगा ह-कलास बार किया बायोर? इच्चोटे सुगरीव इत्तुर—''ओस्सा माट तम्मोर इर्वुरास राज-मआदे उन्जसोर मंदोम। इच्चोड़ेन दुंदबि पोरोयता उन्द रकसाल अर्म मारोयस बास बाली ओना सुदा वहचलास तान पक्के-पक्के वितीतुर अनिन तान हव्कस अस्कीहचीन रिसीमूक मट्टात वाटीहतुर। अगा ओरुर बावाल तप किसोर मन्दुर। रकसादा नतुर ओना डेराते वास अर्त। इदमने ओना तप तँग्त। ओर बालीन सराप हीतुर ''निम्मा नावा तपतुन तंगीहतोन। निम्मा इद मट्टाते वातेक पोतसीन करकीन। इदेन किरता इगा वायोर अनिन नन्ना बालीना बरेत्क कानाह अनिन डेरा पुट्वा उड़स इगा मन्तोना।''

राम सुगरीवनंग पोलोइंग केंजसीन ओन इत्तुर-निम्मा हंज बालीन वहचाड़त्क कानाह सुरबाह कियाक। निम्मा वालीन संग वहच्सोर मन्दाकीन अस्के नन्ना बालीन हउकसियाकान। रामनंग पोलोइंग पय्स सुगरीव किसकिन्दा सअरता लोप्पा हत्तुर अनिन ओर वालीन वहचाड़त्क कानाह सुरवाह कीतुर। वाली वातुर अनिन सुगरीबना संग वह्च बिडीयतुर।

तम्मोर इर्बुरासना अहे उड़न्द इदरमने राम वालीन सोने मायोर। मारेंगाते वाली सुगरीवीन हराह कीतुर। सुगरीव अपुना जीबा पय्स वितीतुर अनिन रिसीमूक मट्टाते रामना गोहारते हत्तुर। राम इत्तुर—''मिया इर्बुरासना उर्चना-पर्चना अनिन मुह्रम अहे मन्ता। नन्ना नीक अनिन वालीन सीने माया-परोन। इदमने सीनात्क कानाह निम्मा बाताय सीना कर्रा।''

रामना पिटो

राम सुगरीवोन अपुना वडेटा नेरुम करीह्चीतुर अनिन ओनासंग किसकिन्दा सअरते हत्तुर। अगा वाली अनिन सुगरीव फेर वह्च विडीयतुर राम नेरुमतुन उड्रूस सुगरीवीन सीने मास। वालीना पटाड़ काड़ अस्सतुर। काड़ हंज बालीना सातीते अर्त अनिन ओर गावेल आस नेदे मुट्तुर। ओना मेंदुदाह नतुर सिरी कोट्त।

राम अनिन लचमन वालीना मोरोल हत्तुर। वाली रामीन होंगतंग टप्पींगने हत्तुर—"राज-कुवौर! न्ना मियासंग वह्चाड़ कियालास वायवाय मन्दान। निम्मा नाक अस्सतीत। नन्ना निया बाता नोकसान कीस मन्दान। निम्मा दरमाती आस। कसुर लेवा वारा किया जीवा पइन्तोनी ?"

राम इत्तुर—"उडिलोर तम्मोत निम्मा लोताह पसीहसीतीन। ओना आड़दुन उन्दीतीन। फेर निया ओना संग बइर मन्दे। निम्मा दरमता पोलोयतुन माने-मायबी आतीन। सुगरीव बाबाना लेहकाड़ोन मानेय मन्दुर। ओर दरमते बेहलेंग पोलोइंगने राज-कियानुर। नन्ना सुगरीबीन राज हिइहलास किरिया कीतोना।"

इदेन कैंजसीन बाली कय्क जोड़े कीस रामीन इतुर—"निम्मा नाक काड़ते अस्ससीन मन्दोन। तना मोमुरता डहाते, नन्ना नीकुन नका होंग तंग पोलोइंग इत्तान। सुगरीवना संग अडराय काम कीलेता जुकले इजेक नाक सेत वात। निम्मा नावा जुकलेतुन मापी कीसीम।"

गाबेल बाली नेदे मुट्स मन्दुर। ओना गावेल आयनाता कबीर ओना आड़हारी तारान पुट्त। अद दुकते अपरे-किसोर मुट्सोर अरसोर अपुना मुदियोपारनगा अव्त अनिन किल्लतोर अपुना मर अंगदीन—"इत्त-बेटा, मिबावो इजेक नोक विड़चसीन उचुनायो जेक दान्तोर। बेग मारेंगा पहर उड़ा।"

ताराल दुक्के नेदे मुटटस मन्द। हनुमान तान समजाह कीतुर। इच्चोड़ेन वाली ताबुर पेह्लेताह सेत बात। ओर सुगरीवीन इत्तुर—"तम्मो नन्ना निया संग बइर कीस मन्दान इहनेन नावा इद दस्तुर आत। इजेक नन्ना हान्तोना। निम्मा नावा नेरुम करी। नावा अँगदीन मर लेहका उड़कीन। ओना सपोय गिरदातुन एत कियाक। मूस्कना किसकिन्दा सअरते इजेक निम्मा राज कीम।"

दादाहारानंग इब पोलोइंग केंजस होंउ अर्त। दादाहा राना मारेंगा पोलोयतुन माने-मायलास ओर बालीना नेरुम कर्तुर अनिन ओनांग काल्कने कोड़बड़तुर। इच्चोड़ेन बाली हातुर। सुगरीबीन दादाहाराना हब्कलेता नक्कान पसताट कीतुर।

ओनांग कोंडांगनाह कनेरींग पोंगतुंग। दुकते डहा आस ताराल रामीन इत्त— ‘‘बगबान, निम्मा नाबा मुदियोन हउकतोनीन। इजेक निम्मा नाक बरा हब्कसीतेक निया नक्कान गोहार आयार अनिन नावा पुन्न आयार।’’

राम तान समजाह कीतुर अनिन अपरेकियाना बिडिचलास इंत्तुर इद बरा इत्तुर। अंगदना पड़े कियाना अनिन पोसे कियालास जीवोत मन्दा लागयार। फेर राम सुगरीवीन इत्तुर—‘‘सुगरीन इजेक निम्मा बालीना आमुर काम कीम अनिन अंगद अनिन तारान ढाडुस दोहीहा।’’

सुगरीव राम हुकुम मानेमातुर। उन्द ढोली तइहतुर अनिन तान बानी-बानी पुंगाहकने सिंगरम कीतुर। फेर अवडे बालीन मड़हीतुन माड़ाह कीस सबरो बेरेटा मोरोंल ओतुर अनिन अगा अड्डी मुरुमते किस होतुर।

आगाड़ाह मल्सी सेटे मानेय रामा हत्तुर। हनुमान रामीन इत्तुर—‘‘इजेक निम्मा किसकिन्दा हंजींन सुगरीवना अड्डोमूरते राजगादीते उपीहचीम।’’

राम इत्तुर—‘नन्ना बावोना हुकुमते चबदाह बरसांग सअरते हुंदा परोन। मिया संग हंज लचमन राज-गादी ते उपीहचीयानुर। अस्के अवनाह नन्ना इदे मट्टाते मन्दाकान।’’

ताना पक्के लचमन अनिन सेटे मूस्क सुगरीवीन पयसीन किसकिंदा सआते हत्तुंर। अग्गा ओर ओना अड्डी मुरुमते राज-गादी उपीहचीतुर।

अध्याय - 12

लचमनना होंग

राज-गादीते उपीहना परके सुगरीव किंसकिन्दाते राजकिया विडीयतुर अनिन राम अनिन लचमन रिसीमूक मट्टाते मन्दुर। वत्तूर अर्त। सरने इरमायो पिर (पह) बायना मूड़ आत। वेरेह्क-डोडांग एरते निदितुँग। गुहरा भूम (वूम) ते कड़प अर्स मन्द। पोड्द गुहराते ओहनाह आयो। मान्द कोटुमते इहेबरा पयान्तींग साय मन्द। इजेक गुहराता मारे इकाट लेहका मन्दा मूड़ आत। पलोंग अनिन रंग-रंग-नंग वत्तूर पहरतंग पीत्ते-गोड़ेग केयन्दुंग इदमने। रामीन सीताना सुरता नक्कान बिटाहकीत। वरोनातेन ओना जोवा वरीइन्द अनिन लचमनीन इन्दुर— "लचमन इदम बरोना तेन नाक नकान सिमसाम पुनाह आन्ता। पुन्वाड़ सीताल बगा मन्ता अनिन ताना पटाड़ बह आन्ता आयार। तेना सुरता वातेक नाक अउर बरा रे वसिन्ता।"

लचमन रंग रंगनंग पोलोइंग अनिन पिटोंग वेहचोन रामीन बुरलाह किसोर ओन ढाडुस हिसोर मन्दुर। इह कीस वत्त्र दियांग कटे मातुं। पीन पहर बात। पयालींग अद माजीन्ता नुल्पे नलेन्ज वेह्च आया मूड़ आत। मलोड़तंग लाट-लाट पुंगाह्क मलीय मूड़ आतँग। पिट्टेंग कोलार किया विड़ीयतुंग। मुसुरत्क कानाह पोंजांग अनिन गड़दांग ने मनलेंग कोजेर्का बाहिर पसीयसीन वलिय कीतुंग अनिन सारो परकलास इक्के इक्के तिरीयन्दुंग।

वत्तूर दियांगने सीताना कोजत्क कानाह लोहना आया परोर आत। मति पीन पहर सपोय हरींगन नेहना मन्दुँग अनिन सपोय (बुतो) काम-माम, बाया-दाया मूड़ आस मंद। उन्द दिया राम लचमनीन इत्तुर—"लचमन,

उडीन्तोना, सुगरीब राज कलियसीन कोयमा किया बिडीयतोर। सीताना कोज्ज कियानाता पोलोय मरिगतोर। पुनाह आन्ता, तेन सुरता किया लागयार।''

लचमनीन सुगरीबना पटाड़ नकान होंग बात। ओर ओस्सान लचमनीन लावते इंत्तुर—''दादा, निम्मा ठिकाम इत्ती। सुगरीब राज कलियसीन सपोय मरिंगतोर। नन्ना इजेक किसन्दिा हंज ओना बुदतुन वेहीन्तोना।''

राम इत्तुर—''इजेक माक होंग कियाना नेहना आयो। निम्मा सुगरीवनगा हंज ओन मानाह–बुजाह कीस नावागा ताय। फेर माट ओना सुदा बड़कीकाड़।''

रामनंग पोलोइंगने लचमनना होंग उचुन कम आत, मति ओन मेंदुदा दुक बहता अहे मन्द। अदे मोहाते ओर किसकिन्दा अवतुर। अगा अंगदोन कलियतुरा ओर अंगदीन इत्तुर—''निम्मा हंज सुगरीबीन बेहा। लचमन वातोर अनिन सअरता हरदे नित्तोर।''

अंगद लचमनना मोहातुन उड़स समजे मातुर। इजेक औंर हौंग ने मान्तीन। ओर बाताय इन्वाय, सुगरवीन लचमनना कबीर वेहतुर अनिन इत्तुर—''लचमनना मोहा गिरदाते ओहनाह आयो। सुगरीव समजे मातुर–सीतान परकलास ओन पोलोय (टप्पीतास्स) इंज मन्दुर। इदमने लचमनीन होंग वाता आपार।'' इहने नेहना आयो आयार। ओना होंगतुन मारीहना नावा आकुसता पोलोय आयो। ओना मोरोल अंगद अनिनतारान लोहना आयार।'' इद बिचार कीस सुगरीव

अंगदीन इत्तुर—''बेटा अंगद, निम्मा मियवान पय्स हवन अनिन लचमनीन समजाट कीम्ट।''

अगद अपुना अवहारीन तारान पय्स लचमनना मोरोल इत्तुर। अगा हंज ताराल लचमनीन मानाह-बुजाह कीस होंगतुन आरीहत। इच्चोडेन सुगरीब बरा वातुर। ओर अपुना मरिंगले पोलोयतुन माने-मास किरिया कीतुर। नन्ना तुरते मूस्कन सीताना कोज्जत्क लोहकान।

अध्याय - 13

सीताना कोज्ज

मूस्कना-राजाल सुगरीवना हुकुमते मूस्क गोहोड़ता गोहोड़ ओनागा वाया मूड़ कितुंग। सुगरीब अपुना जुकलेता पोलोय कानाह रामीन मापी तलीहकतुर अनिन मूस्ककुन सीताना कोज्जत कानाह नालुंगांस्क बासांगने लोहतुर। ओर इत्तुर अमुक दियांगनालोप्पा इद बूतोतुन मारीहना आँद। तिनांग (काल) बासातके बव मूस्क हतुंग, अवेस्कना मुकयाल अंगद मन्दुर। अद गोहोड़ते इच्चोन माइंग अनिन पड़योहक मूस्ककुन लोहनाता पोलोय इद आँद। जटायुना इन्दानाते राम इद पुंज मन्दुर। सीतान लंकातोर राजाल रावोन कल्लस ओत्तोर। मूस्कना राजाल सुगरीव अनिन हनुमानना बरा इहे अंताज मंद। बद रकसाल सीतान ओत्ता अद तिनांग (काल) बासातकेन हत्ता।

राम अंगदोन असीस हित्तुर अनिन इत्तुं—"निम्मा अपुना बुतोते कचित सिद्ध कलियकीन। हनुमानीन केयूसीन, ओर अपुना हेरे उपीहत्तुर अनिन ओन अपुना कयदा मुद्दा हीस इत्तुर—"सोतान निम्मा कालियतेक, तान इद मुद्दा तोह-कीन अनिन अपुना सीनात्क तान इदेन हीस बायकीन।"

इदरामने मूस्कना उचुनायो पलटेन गोहोड नालुंगास बाँसाँगने सीताना कोज्जत्क कानाह पसीयतुँग। सेटे मूस्क उन्दहुड़ इदामायो वलियन्तुंग सपोय जागाँगने पर्कतुँग मति सीताना बग्गान कबीर बरा पुट्टो। सपोय मूस्क पर्क्स-पर्क्स दोगतुंग। उचुन मूल असकट आस मल्स वातुंग। बब मूस्क अंगदना संग तिनाँग बासातके हंज मन्दुंग, अव कोज्ज किन्नेक-किन्नेक, ओस्सान पाँजा लोप्पा हतुंग। अव अपुना जीवाताह असकट आस मदुँग। उचुन जेक मुन्ने

हनले पाहार। अवेन जोतओहनाह आत अनिन उंद माई बगेचा मून्नकेडागा वात्त। अगा उचुकायो ताड़हक मँदुंग। मराक अनिन टोन्डाँग पुंगाहक अनिन कायाँग लिट-लिटा आस मदुँग। अदे पाँजाते अेबेन सोन-चांदीतंग लोहक ओहनाह आत्तुंग। अग्गा अव उन्द आड़दुन हुड़तुँग। बद तप-कियाना लेहकाड़ा ओहनाह आँद। सेटे मूस्क कोड़वड़स पूचे माँतुंग। इद पाँजा अनिन इद मआल बोना आँद ?

अद बेहत इव सपोय मय रकसादंग पण्डलेंग आन्दुग। मीकुन बाताय वरे हिल्ले। मीट रामना बुतोते बात्तोरीर। इद नन्ना पुन्तोना। मीट इगा बाताय वरे लेवा पट्टा पंजनाह तिन्ट। मूस्क अग्गा पन्डींग पुगाँहक तिज अपुना कर्व मेटाह कित्तुंग। ताना परके अव इतुंग। इजेक माकुन पांजाता बाहिर पसीहचीम।

अद आड़ इत्त—"मीट सेटे मुल कोंडाँग पिहाट।" सपोय मूस्क अपुनँग कोंडाँग मूच्चतुंग। जिइक मंज, अद आड़ इत्त—"इजेक कोंडाँग तरियाट। नाहक्ले पाहार अबव बाराँग हुडीन्ताँग अग्गा पाँजा हिल्ले। बगेचा हिल्ले अनिन अद तप कियाना बितो बरा हिल्ले। मुन्ने तके उडियालो टड्डी (समुन्द) जेले मासोर मंद।

इगा अवनाह सेटे मूस्क अव्स मंदुंग मति अबेस्कना बूतो बगा आत। सीताना आतेक बाताय कबीर पुटवाय मन्द। सुगरीव बच्चोक दियांग हीस मन्दुर, अब मार्स मन्दुंग। इदामने सपोय मूस्क अपरेकिया विडीयतुँग। किसकिन्दा अबतेक सुगरीव अबेन हवकीहनुर। अंगद ओरकुन इतुर—"इजेक इहे मल्स

हत्तेक सुगरीवना कयदे माट सेटे मुल आयकाड़। इहने नेहना इद आयार। माट इगान उपास कीस हाइट।'' अंगदना पोलोय हनुमानना समजते बाया आत। ओर इतुर इहे हात्तेक बाता पुटयार। माँट अउर परकीट अनिन परकसोर हात्तेक बाता पुटयार। माँट अउर परकीट अनिन परकसोर हात्तेक बाताय पिरो हिल्ले। मति अंगद टेक पयस इत्तुर। निम्मा सुगरीवीन पुन्वीरे। ओना नाबापटाड़ बइर मन्ता। बाताय नकान नीस पुटयार बुतो आयवेक इबडे ओन नक्कान नीस पुटयार। माट अउर परकीट अनिन पर्कसोर हात्तेक बाताय पिरो हिल्ले। मति अंगद टेक पयस इत्तुर—'निम्मा सुगरीवीन पुन्बीरे। ओना नावा पटाड़ बइर मन्ता। बाताय बुतो आयवेक इवडे ओन–नक्कान नीस पुटयार। इदराम ने लावा कानाह हायना नेहना आँद। इच्चोन इंज समुन्दता ओदा डेरा पय्स उपास किया उदीतुर। इदेन हुड़स उडिलाँग–उडिलाँग मूस्क किल्ल विडीयतुंग। इच्चोड़पन मूस्कना बड़कना केंजस जटायु पिट्टेना तम्मोर सम्पाती अगा बात अनिन अबेस्कना अपरे कियानाता पोलोय पूचे मात्तु। मूस्क सम्पातीन राम लचमन ना कोटुमते मन्दाना, सीताना कल्लना, जटायुना हायना, बालीन हब्कना अनिन सीताना कोज्जता सपोय पोलोइंग वेहतुंग। जटायुना रावोनना कयदाह हायनाता पोलोय केंजस सम्पातीनक्कान जीवा उइहत अनिन इत्त ''जटायु नावा दादाल मंदुर। मीट नाक तेहच संमुन्दता ओदा ओम्ट। नन्ना अपुना दादान एर हियाकान।''

मूस्क सम्पातीन समुन्दता ओदा ओत्तुंग। अगा अद एर हित्त। पेर मूस्क तान तेहच ताना मन्दाना डेराते ओसीतुंग। सम्पातीन दादा हाराना हायना अनिन सीता कलनानाता पोलो—यर्केंजस नक्कान दुक आत। इद दुकता कम आयले पाहार अंगद सम्पातीन मारेक करनाता पोलोय पूचे मातुर। सम्पाती इत्त—पिला पाहार माट पोड्दतुन पय्लास ओड़ पेहच मन्दोम। जटायु पोड़दता मड़ीहनातुन सहे माया परवान्क हरदाह अडीय रयत। मति नन्रा डोंग्त कानाह पोरोन पोरो परीयत्तान। अबडे नावाँग मारेकींग करतुँग अनिन नन्रा टोटाल आस अडीय अरतान। अदे हेरे ओरूर बावाना डेरा (लोन) मन्द। बाबाल नावा नकान हय कित्तुर। बस्के नन्नाा नेहना (तरीकत्तान) आत्तान, अस्के ओर इतुर—'निम्मा इगान मन। अपुनंग मारेकींगना जीवा केमा। रघुटोन्डा ते ओरुर

नक्कान पड़योर राजाल दसरत आयनुर। ओना बरहोर मर बाबोना हुकमते चबदा वरसान्क अपुना तम्मोर हाराल लचमन अनिन आड़हारी सीताना संग कोटुमते वायनुर। अग्गा ओना आड़हारीन सीताना संग कोटुमते बायनुर। अग्गा ओना आड़हारीन सीतान राबोन कल्लस ओयनुर। राम सीताना कोज्जत मूस्क-कुन लोहनुर। निम्मा सीताना कबीर मूस्ककुन बेहकीन। अस्के नियांग कल्क पतीनुँग।' इदेना उचुकायो दियांगपरके बाबाल हात्तुर अनिन नन्ना इग्गा सीताना कोज्ज कियानंग मूस्कना हर हुड़सोर उदीत्तोना।

मूस्कना संग बड़कनेन सम्पातीनंग कल्क पसीयतुंग। ताना हुड़सीन मूस्क नक्कान गिरदा आतुंग। सम्पाती इत्त—"हुड़ाट, नन्ना सब जोजन जेकतंग पिट्टे जड़याँगनुँग ओह परन्तोना। नन्ना पोरो परीयस अनिन समुन्दुता बाहिर अबनाह नजराह कीस सीताना कबीर मीट सेटे मुड्डून वेहकान।"

इदाम इंज सम्पाती बूम पोरो परीयत अनिन जिइक मंज अडीय रकसीन अद मूस्ककुन वेहत। इगाडाह कसूमने तिनांग बासाते लंका सअर मन्ता। अग्गा रकसास्क मुत्तेस्कना नडुम सीताल उदीता। मियाते बोर इद सव जोजन

समुन्दतुन बन्ड परनुर। ओर लंकाते हंज सेटे कोरताट। इह मुस्ककुन सीताना पोलोय वेहचीन सम्पातीपरीयत। मूस्क इदामायो गिरदा आत्तुंग अनिन कोलोर आसोर समुन्दता ओदाते अवतुंग।

इंजेक इद सूल किया मूड़ कितुंग। समुंद वन्डसीन बोर दायनुर ? अंगद इतुर—"नना सब जोजन हन्दा परोन्तोना। मति मल्स वायनाता लाव नाक मन्दार बहहिल्ले। इद नन्ना कचित इन्दा परोन।"

जाम्बुवान इत्तुर—"नन्ना बस्के लय्योर मन्दान अस्के नावागा उचुनायो जेक दायनाता लाव मन्द मति इजेक मेन्दुदे अद लाव हिल्ले।"

सेटे नकान जोवा उइतुर। जाम्बुवान हनुमानीन इत्तुर—"वडीयमर, निम्मा समुन्दतुन वन्ड परीन्तोन अनिन मल्ल बरा परीन्तोन। इव सेटे मूस्कने वरोन निम्माय रामना इद बुतो किया परीन्तोनींन।"

जाम्बुवानना डाडुस हियानाता पोलोय कैंजसीन हनुमान समुन्द वन्डला जोंग आतुर अनिन महेन्दगिरी मट्टातगा तर्गतुर। अग्गा हंज ओर रामना पोरोय पयत्तुर अनिन लावमेड डेवतुर अनिन परीयस हत्तुर। हरदे सुरसा पोरोयता रकसाल मुत्तेन कलियतुर अद हनुमानीन इत्त—"नन्ना नीक तिन्दाकान।" हनुमान इत्तुर—"याया, सीताना कोज्ज कीस मल्लकान अस्के नाक तिन्दाक।"

मति सुरसा माने मायो अनिन हनुमानीन लोपलास अपुना टोड्ड अंगीलस ओना मुन्ने नित्त। हनुमान अपुना मेंदुल दस जौजनता किसीत्तुर। सुरसा अपुना टोड्ड बीसा जोजन अह्त। हनुमान अपुना मेंदुल बीसता इच्चोनता मरीयत अनिन सुरसाना टोड्डते। ओडीस बाहिर पसीय वातुर। हनुमानना सालाकतुर

हुड़स सुरसा नकान गिरदा आत। अद हनुमानीन इत्त—"नन्ना निया अकिलतुन हुड़स गिरदा आत्तोना। इदरामने निम्मा सीताना कोज्ज कीस तान कचित कलियकीन। हन निया काम सिद्ध आयार।" इच्चोन इंज सुरसा हत्त। हनुमान पेर मुन्ने हत्तुर। समुन्दत्रे सिहिंका पोरोयता उन्द अउर रकंसाल मुत्ते मन्द। अद बूम पोरो परीयनंग पिटेंगना सायतुन पयन्द अनिन अवेन तिन्जहीन्द। अद हनुमानीन बूम पोरो दायना हुड्स उवाट कित। इद बरा बोदे पिट्टे आँद। इदेन तितेक, नावा पट्टा षंजयार। अद हनुमातता सायतुन पयत। हनुमान उडिला मारीयत्तुर अनिन ताना टोड्डते नैंगतुर। लोप्पा हंज ओर अपुनंग इड़स्कने ताना पट्टातुन पहत्तुर अनिन बाहिर पसीयतुर।

इदाम बच्चोंके गिरहांगनुंग वन्डस अनिन समुन्दतुन नडीय्स, मारँगाते ओर लंकाता ओदा अवतुर। अग्गा ओर उन्द मट्टाता पोरो उद्स लंकाता सोबाहुड़ विडीयतुर। इकाट आत अस्के ओर उवाट कित्तुर—"इजेक लंकाते ओड़ीयाना आँद। ओर नकान उडिलोर मारीयतुर अनिन मट्टा ताह रय्सीन लका सअरता हरदे अवतुर। अग्गा लंका सअरता पेन लंकिनी पहरा हिसोर मन्द। अद हनुमानीन पूचे मात्त। मूंज, निम्मा बोर आन्दी ? बग्गाड़ाह वान्तोनीन ? "निम्मा पुन्वी, इद लंकातोर राजाल रावोनता सअर आँद। राबोन राजाल नकान सुरवाल आँदुर। ओना लावतुन निम्मा पुन्वीन ? निम्मा इग्गा वायनाता बदाम डाडुस कित्तीन ?"

लंकिनी इद किसमतंग पोलोइग इत्त। तान कैंजसीन हनुमानीन होंग वात। ओर लंकिनीना सातीते उन्द मुट्का इट्टतुर। अदनेदे मुट्त ताना टोड्डताह नत्तुर पसीय मूड़ आत। अद समजे माता। मूँज नाक इदाम इट्ट परीन्ता, अद कचित रकसास्कना बिन्द-मिड़ीह बरा परीन्ता। अद अपुना मारँगा गड़ी समजे मास इत्त—"निम्मा गिरदाते इद सजरते हन् अनिन अपुना बुतो कीम। इजेक रकसास्कना अडराय दियांग मोरोल अवत्तांग।" इच्चोन इंज अद हात।

हनुमान अगाड़ाह मुन्ने वर्स्तुर। ओर सड़ाकताह हंजोर मन्दुर। अग्गा ओर "पुस्पक" पोरोयता जहाजतुन हुड़तुर। अडरा जूततंग बगेचांग अनिन माइंग-माइंग मअलींगनुँग बरा हुड़तुर। पलटेन्कनंग पुनांग विडारींग बस हुड़तुर। अवेस्कनाते सपले डंगाल अनिन अडरा जुतता गआदे हनुमान ओड़ीयतुर। अद

रावोनना मआल मन्द। अगा ओर अडराजुततंग आस्ककुन बरा हुड़तुर। उन्द आड़ सोन-चांदीता पन्डले कटुलते उँजसीन मन्द। मति तानाते सीताना लेहका बाताय पोलोइंग डिसोंग। दीरे-दीरे ओर रावोननंग सेटे मआलींगने वलीस वात्तुर मति ओन सीताना कबी पुट्टो। अगाडाह पसीस ओर सअरतंग सपोय मआलींग अनिन लोह्कना लोप्पा हुंज-हंज सीतान परक विडीयतुर। बगा बिचार आंद। अगा ओर (अपुर) माई मारीयन्दुर अनिन बगा काम आंद। अग्गा नकान उडिला मारीयन्दुर। इदामायो पर्कनाते वरा ओन बगान सीताना कबीर कनियोर। इदामने हनुमान अपरे किया विडीयतुर। इच्चोडेन ओर उन्द मआदा मुन्ने अवतुर। अद मआल दूसोर मआलींगनाते अलग मँद। गूड़ते रामना पोरोय लिखाह-कीले आस मन्द। तुलसी पोदेलांग ने बाड़ुम निन्दस मन्द। लोप्पा ओड़ीयतुर अस्के रामना पोरोय पयनालेंग वत्तुर। हनुमान रामना पोरोय कैंजसीन अचरित आतुर। इद रकसाल राजते रामना बगेत बोर आँदुर?'' बगान नाक बदे रकसादा मयमाते जाड़पोंग बह नन्ना कदिनिकास्कातो हुड़ोन? ओर जिइक मआदा ओदाते कमेक दिच्च मन्दुर अनिन जमने-जमने अपुन रामना पोरोय पय मूड़ कितुर। ओना लेंग कैंजस मआदा लोप्पाडाह उन्द रकसाल बाहिर वात अनिन लाबते इत्त—''इग्गा रामना पोरोय पयवाल बदे काजेर वात आहनाह आन्ता। अद मन्ने वायी। तान वाताय वरे हिल्ले।

वेर रावोनना तम्मोर विभीसेन आँदुर। ओना लैंग कैंजसीन हनुमान लोन ओदाता बाहिर पसीयत। आर विभीसनीन कोड़रड़तुर अनिन अपुना पोलोय वेहतुर विभीसेन हनुमानीन हुड़स नक्कान गिरदा आत्तुर। ओर-ओन सातीते ओरंगतुर अनिन नकान मानदान कितुर। इत्तुर—"राबोन सीतान इग्गा कल्लस तत्तोर अनिन अदेन असोक बगेचाते केह च तासतोर।" इच्चोन इंज ओर हनुमानीन असोक बगेचाता पोलोय वेहतुर। हनुमान असोक बगेचातके हत्त। ओर विभीसनीन इत्तुर—"हन्नीन पाहार पेर नीक भेटे मायकान।"

अध्याय - 14

सीता पुट्त

बिमीसेनना वेहले हरदे हनुमान असोक बगेचाते अवतुर। अद बगेचातुन हुड़स ओर नक्कान गिरदा आत्तुर। अग्गा बानी-बानीतंग पुंगाह्क अनिन पन्डींगनंग मराक मन्दुँग। ताना (बगेचाता) नडुम असोकता उन्द माई मरा मन्द। अदेना

उन्दहुड़ चवरा पन्डले आस मन्द। अदचवराते बच्चोके रक-सास्क मुत्तेस्कना नडुम मन्द। उन्द जीवा उइले अनिन अपरे कीले आड़तगा कोन्डा अर्त। ओर समजे मात्तुर आई न आई इदे सीताल आंद। दुक अनिन उपासते अदेना मेंदुल र्यस मन्द' मति ताना मोहा नलेंजता लेहका मांज्स अनिन ओपस मन्द। ओर मनमनते सीतान काड़वड़तुर अनिन रकसास्क मुतेस्कना अनिन सीताना कोनडा पिसीह्च उडिला मोहा पन्डस, अदे असोक मराते तरंगतुर।

जिइक मंज उन्दहुड़ताह कोलार बनाह आत अनिन ओर हुड़तुर रकसाल राजाल रावोन अपुना रानी मन्दोदरीना अनिन उचुकायो रकसास्क मुतेस्क ना संग वगेचाते वान्तोर। ओर बगेचाते अवतायसाठ सोज सीतानगा इतुर। सीताल रावोनीन हुड़स परकेह कीत। अस्केरावोन इतुर—''सीता इजेक निम्मा निसमाह विड़िचसीम। वरीयमा। ओर इर्बुंरास तपकेवालोर इग्गा बस्केन बाया परोर। ओरा आसरा विड़िचसीम अनिन नावा रानी आम। नन्ना अपुना सेटे राजतुन नियांग काल्कने माडाह किसीयाकान। नीक बदे दुक आयो आयार। इजेक रामीन मनताह विड़िचीम। ओर आत्तेक किनी-पुतीतोर कोटुमते मन्वालोर आंदुर। ओर नावा बग़जोर किया परोर। इगा अवनाह ओरा वायना बरा डाडुस हिल्ले। मनकरलेक ओर कोटुमते वलीय्स-वलीय्स इजेक अवनाह हात्तोर आयनुर।''

सीताल इत्त—''रावोन, निम्मा नक्कान माई पाप कित्तोन। निम्मा राम अनिन लचमनना लावतुर पुन्वीने। और नाबा कोज्ज केवा-लेवा माने मायोर

आयनुर। इदामने निम्मा (अपुना) नेहना मन्दा परकीन्तोन आत्तेक नाक रामनगा लोहचीन अपुना जुलुमता कानाह मापी तेलीहका। राम दरमाती आंदुर। ओर कचित माप किसीयानुर। निम्मा अपुनंग आस्कनेन अपुना मया कीम अनिन राज कीम। नावा आसरा विड़िचसीम, आयवेक रामनंग कयक ने निया तस-नस कचित आयार।''

सीतानँग इव सोज अनिन लावनंग पोलोइंज केंजसीन रावोन इतुर— ‘‘नन्ना, नीक मिटास पोलोइंज इज मयाता मुटी-तत्वीहकिन्तोना, अनिन निया लावनंग पोलोइंज इंज नाक हंग किन्तोन। निममा अपुना अरले-अरवा समजे मायावी। निम्मा उन्द इदाम किनी पुतोतो तपकेवालोरा कानाह अपुना जीवनातुन तस-नस किन्तोन। ताना बाताय सूमार हिल्ले। बाबोहाराल ओन राजताह पसीहचीतुर अनिन इजेक ओर कोटुमते वलीयसोर हात्तोर आयनुर। बहेआयो, नन्ना नीक रण्ड नलेस्कना मोहलत हिन्तोना। रण्ड नलेस्कना लोप्पा नाक अपुना मुदियोर मोहलत हिन्तोना। रण्ड नलेस्कना लोप्पा नाक अपुना मुदियोर माने मायवेक, नावा अट्टना बिती, नियाँग कुटकेंग-कुटकेंग कीस नावा कानाह आकड़ा पन्डयार। इदाम कीस नन्ना नीक मारीहचीयाकान।’’

इदेन केंजस रावोन सेटे रकसास्ककुन हुकुम हित्तुर ओर सपोय इदाम उवाट केवीर। बवडे सीताल ओना आकुस ते वाई। इचोन इंज रावोन अपुनंग मआलींगनके हत्तुर।

रावोन ना हनले पाहार उचुकायो रकसास्क मुत्तेस्क वात्तुंग अनिन सीतान रावोनना संग मरमींग कियालास मानाह किया विडीन्तुर। मति सीताल अवेस्कनंग पोलोइंगनके एत केवो। अस्के सपोय रकसास्क मुतेस्क सीतान मंज-मंज विटाह किया विडियतुँग। सीताल कोंडाँग पिहिच असोक मराता मोरोदे ओरंगंस रामना सुरता कीस-कीस अपरे किया बिडीयत। अद इन्दा मुड किति अयलचमन, नाक इव पापीस्कनाह कयदाह पिसोहा। नन्ना निय इन्दाना तुन माने मायावान्क नकान तपतान। इजेक निम्मा जाम केमा। अय राम, नन्ना निया लेवा जीवोत-मन्दा परोन आयकान।’’

अव रकसास्क मुतेस्कने तिरजटा पोरोयता उन्द सोज रकसाल मुन्ने बरा मन्द। अद सीताना हाल हुड़त अस्क दूसोररकसास्क मुतेस्क कुन समजाह इत’’ हुड़ाट, राजा रावोन मीक सीतान मानहबुजाह कीस मरमीन्क जोंग कियालास इतोर। निम्माट सीतान इदाम बेहाट, अद जीवोत मन्दा परी। निम्माट जादा बिटाह कितेक अनिन बगान मिया वरेत्क कानाह हातेक रावोन मीक सपोय मुडुन हव्कसीयानुर। नन्ना नेंड नुल्पे उन्द अडराय कनिस्काड़ बरा हुड़तोना। रावोन राजाल बान्डाय आस नत्तरास्क-नत्तरास्क नेके कर्‌स गदहाते

उद्स काल वासातके हँजोरु मन्दुर। उचुन जेक हनले पाहार ओर अडीय अरतुर अनिन उन्द नारियाल आड़ ओन पिड़िंगसोर ओसोर मँद। रावोन, कुम्भकरन ओनांग सेटे मर्ककुन बरा नन्ना नियदे नान्दले अनिन तलाय रेहले हुड़त्तान। पेर

ओर मानेय हड़ापता निन्दले खोदेराते अस्तुर। इव सपोय नेहनासगुन आयोंग। अपुना मुदियोर रामना कानाह ताना नक्कान मया मन्ता। निम्माट तेन डण्ड हेमाट। नाक परतींग मन्ता, तेन परकसोर-परकसोर राम अनिन लचमन इग्गा कचित वायनुर अनिन रावोनीन लड़ीयते हाराह कीस सीतान विड़िहचसीन ओयनुर।''

सीतान तिरजटानंग इव पोलोइंज केंजसीन नकान गिरदा आत। इत्त— 'इदाम आत आत्तेक अनिन सिरी राम वात्तुर आत्तेक नन्ना मीक सपोय मुडून पिसीहकान।'

हनुमान आसोक मराते उद्स–उद्स कमेक सपय पोलोइंग केंजसोर मंद। ताना मुन्नकेडागा इद गिरहा मंद। इजेक सीताना मुन्ने बदाम पयीसकान। जियक मंज रकसाल तिरजटाना मानाह कियानाते रकसाल गुत्तेस्क सीतान वराय बिड़चसींन, उन्द वहका गूचतुग। अव अपुन–अपुन वड़क विडीयतूँग अनिंन जिधक मंज ताम उसकांड़ वात। हनुमान उवाट कित्तक। इदे नेहना पाहार आँद। मति नन्रा इहे अडीय रयकान आतेक सीताल वरीययार अनिन रावोनना गुर्कना रकसाल समजे–मास केययार। ताना तुहकाड़ केंजस रकसास्क मुतेस्क तेदनुँग। अस्के रकसास्क वास बास पयनुँग। इहने नेहना इद आयार। नन्रा दीरे–दीरे रामनंग पोलोइंग इन्दाकान। सीताल केंज परी। मति नन्रा संसकिरीत पोलोइंज ने इदाम कितान आतेक, सीताल तान बरा राबोनना गुर्कं इंजोर वरोययार। नेहना आयार। नन्रा किनी पुत्ती मानेयकनंग इन्दाकान।

इदाम उवाट कास हनुमान सीताल केज परी। इहे इन्दा मूड़ कित्तुर— ‘‘उचुंकदियांग मुन्ने दसरत पोरोयतोर ओरूर राजा आस मन्दुर। ओना बरहोर मरना पोरोय सिरीराम आँद। ओर बाबोना हुंकुमतुन माने मायलास अपुना

तमोर हाराल लचलन अनिन अपुना आड़हारीना संग कोटुमते वात्तुर। कोटुमते मनेक लड़ीयते ओर खरदुसनीन हवकतुर। इवडे (तेनकानाह) राबोन नक्कान

ओंग अतुर। ओर मारीचीन गुर्कना चितराल पन्डस सिरी रामीन जाड़पत्तुर अनिन सीकान कल्स ओत्तुर। सीतान कल्स ओयलेके कानाह राम अनिन लचमन नक्कान अपरे कीतुर अनिन जीवा उइहतुर। सीतान परकसोर-परकसोर ओर रिसौमूक मट्टाते अवतुर। अग्गा सुगरीव पोरोयतोर मुंज सूरपालान संग मीत बोदे मातोर। सिरीराम बालीन हव्कस सुगरीवीन किसकिन्दातोर राजाल पन्डसीतुर। ताना परके सुगरीव सीताना कोच्ज कियालास (उन्दहुड़) नालुंग आस बासांगने अपुनंग मूस्ककुन लोहतुर।

मानेयूकनंग पोलोइंगने सीताल इद सापोय केंज्त अस्केअद मुन्ने वरीयत पेर डाड़स कीस पोरो हुड़त। अस्के उंद उडिला मूँज कोडांग नपुंग पिहिच इद इंजोर तोहनाह आत। सीताल समजे मात इद बरा बगान रावोनना गुर्क बाह आयो। मतिताना हुड़नेक-हुड़ नेक्र, हनुमान दीरे-दीरे असोक मराता अडीय रयत अनिन नकान मानते सीतान कोड़वड़स उदीता मुँज नँग पोलोइंगनुंग केंजस सीतान नकान डाडुस वात।

अस्के हनुमान सीतान सेटे पोलोइंग इत्त (वेहत)। अपुना पोलोय वेहत अनिन सीताना मेंदुदा वरे कोंजीहलास इत्तुर—"बस्के माट निया कोज्जत्क कानाह वासोर मन्दोम अस्के सिरीराम नाम अपुना हेरे केयसीन, नीक हियालास अपुना इद मुद्दा हितोर" इह इज हनुमान रामना हीले मुद्दातुन सीतान हित्तुर। रामना पोरोयतुन कोटले हुड़स सीतान हनुमाननंग सेटे पोलोइंगने परतींग आया मूड़ आत अनिन तानाँग कोंडांगने राम अनिन लचमनना सुरता कीस कनेरींग पसीय मूड़ आत्तुंग। अद पोट-पोट किल्ल मूड़ कित्त। अस्के हनुमान मानाह किसोर इतुर-याया निम्मा जीवा उइहमा। निया मन आतेक, नन्ना, नीकुन तेहच दिर राम ता मोरोंल इजेक ओन्तोना। मति ओर इत्तोर ओस्सा सीताना कबीर पुटतेक ओर अपुन इग्गा वास रकसास्ककुन हउकसीन नीक दोहलेताह विड़चीहनुर।

हनुमाननंग इच पोलोइंग केंजसीन ओर तान तेह्च रामना मोरोला ओयकान। सीतान परतीग वायो। अद इत्त, हनुमान निया मेंदुल आत्तेक इच्चोन उडिला मन्ता। निम्ना नाक बदाम तेहच ओयकीन? निया मेन्दुदाह आत्तेक नन्ना समुन्दतेन अरकान।"

सीतानंग इव पोलोइंग केंज्स हनुमान अपुना माई मैंदुल कित्तुर अनिन इतुर "रामना पलटेन गोहोड़ते नावा लेहकाडोर मोई मेन्दुदोर बच्चोंने मूस्क मंतांग। अव बस्के रामना सग लंकाते लड़ोय कियानुंग अस्के हुड़नेक-हुड़नेक रकसास्ककुन मारोहचिपातुंग। निम्मा परतोंग पय्म। निवा इद दुक तुरते कोंजवार। इजेक उचुंनायो जाम आत। नाक दायना आँद। सिरी रामोन हियालास निम्मा बरा नाक अपुना बाताय सीना हित्तेक नक्कान नेहना आमवाड। बच्चो पाहार नन्ना रामना संग बेटे मायकान, अस्के ओन परतींग आया परी। नन्ना निया सत कबीर तत्तोना।

इद पोलोयतुन केंजस सीताल गिरदा अपुना सूड़ टन्टसीन हनुमानीन हित अनिन इत्त—"सिरी रामीन इन्दाक, साँडे इग्गा वास नाक विड़चिही आयवेक ओर नाक जोवोंत कलियोर आयनुर।" हनुमान सृड़ पयतुर अनिन सुरता कीस तासतुर। ताना परके सोतान इत्तुर—'याया, नाक, कर्व वस्ता। निया हुकुम आत्तेक इद असोक बगेचातंग मिठास अनिन नेहनाँग पण्डोग तिंज अपुना कर्व मेटाह कियाकान।" सीताल इत्त—"कचित तिन" इदाम पंडींग तिन्दाना हुकुम कलयिसीन हनुमान सीतान कोड़वड़तुर। सीताल ओन निया पुन (सिद) आई इंज असीस हित अनिन हनुमान बिदा पयत्तुर।

बिदा पयनाय साठ हनुमान माई मारीयत्तुर अनिन असोक बगेचातंग पन्डींग तिन्दा अनिन मराककुन तेहक्स-तेहक्स अर्च मूड़ कित्तुर। इद गज्जूर अनिन कोलारते वगेचाने राखा मन्वालोर सेना आतुर। ओर अद अडरायता मूंजतुन हुड़स् तान पयलास उवाट कित्तुर। उचुन मुडून हउकतुर। उचुन मूल वित्स रावोननगा अवतुर अनिन असोक वगेचाता नोकसान आयलेता कबीर वेहत्तुर।

राबोन अपुनगाडोंर इरबुर पड़योह्क रकसास्ककुन अद मूँजतुन पय्स तत्तालास लोहत्तुर मति और इर्बुरासकुन हनुमान हव्कत्तुर। ताना परके रावोन परहस्त पोरोयतोर पड़योन लोहत्तुर। और बरा अग्गा इंज हात्तुर। इवडे होंग आस रावोन अपुना मर अच्छयीन हनुमानीन जीवोत अयलेक हव्कस तत्तालास लोहतुर।

बगेचाते अवस अक्षयकुँवार हुड़तुर सपोय बगेचा लेंगता अनिन उन्द मूंज मराते उद्स सेंटे रकसास्क अनिन रकसास्क मूतेस्ककुन बरींहन्ता। ओर अग्गान

पिडिंगस अस्सतुर मति हनुमान तान जकीहत्तुर अनिन अक्षयना रत पटाड़ डेवतुर। ओनांग कोडाँग अनिन रत रोसवालन हव्कत्तुर अनिन अक्षयीन बरा तेह्च नेदे उकत्तुर। हुड़नेक-हुड़नेक रावोनीन मरहाराल अक्षयना जीवा हत्तु। इवडे रकसास्कने नक्कान वरे समेमात। ओर वित्स-वित्स रावोनना हेरे हत्तुर अनिन सेटे पोलोइग वेहत्तुर। अपुना मरना हायले कबोर कलिस रावोन नक्कान अपरे कित्तुर। ओन अचरित आत। आकिरते इद बदामना मूँज असोक वगेचा ओड़ियत्ता। बद पोकहाते विटाह किया विडियता। रावोन अपुना बरहोर मेगनातीन लोहत्तुर। हंज बहे बरा कीस अद मूँजतुन पयूस ताय।

मेगनात बस्के बगेचाते अवत्तुर अस्के अगाड़ा (लँगले) तस-नस कीलेतुन हुड़ूस अचरित आत्तुर। ओर इद पाहार हनुमानना संग जादा लड़ीय कियाना ठिकाम समजे मायोर। ओर हनुमानना पटाड़ इन्दर नगाड़ाह कलियले बर्मा

गुर्क पेहचतुर। हनुमान उवाट कित्तुर बरम गुर्कना मान कियाना आँद। और अपुना उडिला मेंदुल (पयस) मारीयस अनिन बर्म गुर्कने दोहे आत्तुर। मेगनात नक्कान गिरदा आत्तुँर अनिन हनुमानीन दोह्च रावोनना कचोराते ओत्तुर। रावोन हनुमानीन दुड़ताय साठ होंगँ आत्तुर। ओन अपुनोर उडिलोर मर अक्षय ना व्हलेता सुरता वात। इहने हौंगते वास मेगनातनाह सूल पयस ओन इत्तुंर—"इद पापी मूँजतुन तुरते हउक सीम्ट। इदेन केंज्स हनुमान इत्तुर—"अय

रावोन, नन्ना सिरीरामना नवकोर आँदान। रामचन्दराल अनिन मूस्कना राजाल सुगरीव मीत बोदे मात्तोर। वालीन राम हव्कत्तुर। निम्मा इजेक रामना मोरोल सीतान ओसीम। इवडेन निगा वेहना आयार।''

हनुमाननंग पोलोइंगने रावोन होंग आत्तुर। और ओन ओन तुरते हव्कलास हुकुम हित्तुर। अच्चो पाहार अग्गा रावोनना नम्मोर हाराल विभीसेन मन्दूर। ओर रावोनीन समजाह कित्तुर—'वेंर बयरीला नवकोर आन्दुर। अनिन राजा सासतेर इत्ता बयरीला नवकोरहारान हव्कत्ता नेहना आयो। मूँजतुन अपुना तोकारते नक्कान मया मन्ता। इदामने इदेन हव्कना सेती, तेना तोकाटे गतलांग उरीहच अनिन नियदे नाहच किस पहपौहचेवीट अनिन तेन सअर मेटे वलिहीट। तोकार कर्यार अनिन इद बांडाल आस, निसमाह्तक अपुना मुकयानगा वित्तयार।''

विभीसेननंग इव पोलोइंग सेटे मुडून विचार वातुंग। हनुमानना तोकाटे गतला उरोह-विंहित्तुर मति गतवा मार्त्तं। बच्चोक गतलांग उरीहन्दुर अच्चोन हनुमान अपुना तोकार बरसीहन्दुर। अच्चो पाहार बच्चोक गतलांग जुहाह कीस उरीहपस्तुर अच्चोक गतलांग उरीहत्तुर अनिन अवेस्कना पटाड़ निय दोससीन किस निरीहचीत्तुर। ताना परके हनुमानना दोहलेतुन लेहचीत्तुर अनिन तान सअरते वलिह मूड़ कित्तुर। हनुमान लाव मेडँ केयूत अनिन रकसास्कना

नडुमताह अद डेव्स उन्द मआदा पोरो तर्गतुर। अद बस्केन इद मआदे डेवन्द, वस्केन अद मआदे। इद किसोर अद उन्दहुड़ किस पयपीहचीत। सेटे सअर

पोत्त मूड़ आत। लंकाते उन्दहुड़ मदपदे मात्त। रावोन (जीवा उइह्च) पसताह कीस इत्तुर—"उन्द उडिला मूँज इच्चोन विटाह कित अनिन ओर ताना वाताय नोकसान किया परोर।"

हनुमान जियूक इहे लंका सअरते किस पोतोहचोर मन्द। पेर समुन्दने डेव्त अनिन अपुना तोकारता किस पिह्त। ताना परके असोक बगेवाते इंज सीता पेर असीस (परचा) तलीहकस समुन्द वन्डलास ओर परीयतुर। हनुमान ठिकाम अपुनासँगतोरा नड़म अवत्तुर। ओन अपुना नडुम कलियसीन (हुड़सीन) अंगद, जाम्बुवान सपोय मुल नक्कानगिरदा आतुर। हनुमान ओरकुन सेटे पोलोइंज वेहत्तुर अनिन सपोयमुल मल्स किसकिन्दातके इत्तुर। अग्गा अव्स ओर सुगरीवना राखा बिती मदुवनते ओड़ीयत्तुर अनिन अगाड़ांग पन्डींग निन्दा विडीयतुर। सपोय मूस्क गिरदाते ओचताप आस मन्दुँग। कोटुमता राखा बितालोंर अटकाह कितेक ओरकुन ह्व्ककन्दुर। वोर पिसत्तुर बोर सुगरीबनगा अवत्तुर अनिन ओन सेटे पोलोईग वेहतर। सुगरीव केजँसीन ठोगँ आयना सेती नक्कान गिरदा आतुर। ओर समजाह किया विडीत्तुर। अंगदना संग बव मूस्क कालवासातके हज मन्दुंग। अव अपुना बूतो सिद्ध (निवड़ाह) कोस वातांग। ओर तुरते सिरीराम अनिन लचमननगा इत्तुर अनिता ओरकुनं इद नेहना कबीर वेहतुर। इच्वोटेन अँगद हनुमान जाम्बुवानीन मुन्ने कीस अद मूस्कना गोहोड़ बरा रिसीमूक मट्टाते अव्त। सपोय मुल सिरीराम अनिन लचमनंग काब्कल्कनें कोड़वड़त्तुर अनिन सुगरीवीन जोहार कित्तुर। हनुमान मूड़ताह मारेंगा अवनाह सेटे पोलोइंग रामचन्दरान बेहत्तुर अनिन इत्तुर—"यायाल सीताल निया पोरोय पयस अपुनंग दियांग काटे किन्ता। निम्मा साँडे तान विड़चोहा। रन्ड नलेस्कना लोप्पता बिड़चीह परवेक राबोन तान हउक सियानूर।"

अध्याय - 15

लंकातगा बलवा

हनुमानना टोड्डते सीताना कबीर केंजसीन अनिन ताना सूड़ कलिस जियकुट कानाह राम कमेक आत्तुर। सीताना सुरताते ओनाँग कोंडांगने कनेरींग पोंगतुंग। मति और तुरते नेहना आत्तुर। ओर हनुमाननीन इत्तुर—"तम्मो, नन्ना निया बाता हय कियाकान। निम्मा नावा अद बूतो कित्तोनीन, बदेन बोरेकिया परोर।" हनुमान रामचन्दरानंग काल्क पयत्तुर। इत्तुर—"महापरमु, नाक बाता लागो। नाक अपुना सेबुक माने-मास अनिन काल्कने डेरा हीम्।"

तानां परके सुगरीवना सग सुमित किया विडीयत्तुर। इजेक मुन्ने बाता कियाना अयार। सेटे मूड सूत्त आत, जादा जाम कियाना आयो बलबात्क कानाह जोंग केवीट। सुगरवीनना हुकुम कलिस उन्दुहुड़ताह मूस्कना पलटेन गोहोड जुहे माया मूड़ आत अनिन राम लचमन अनिन सुगरीवना संग मूस्क पलटेन गोहोड तिनांग वासा (कालवासा) तके दायना मूड़ कित्तुर। मूस्कना अद पलटेन गोहोड डेवसारे कवसोर केयसारे समुन्दता ओदा अवतुर अनिन अग्गा पलटेन्क डेरा कित्तुर।

हक्के हनुमानना लंकाते किस पयपीह्च दायना ना परके रकसास्क ने उन्द किसमता वरे समे मात। उन्द दिया (बस्के) बच्चों पाहार राजाना कचोराते रावोन, ओना लोतोर मानेयूक अनिन कचोराते वालेर उद्स मन्दुर। अस्के विभीसेन रावोनीन समजाह कियानाँ मूड कित्तुर। राम लचमनीन किनी-पुत्ती तप-केवालोर माने मायना आयो। ओरा सँग बइर कित्तेर बाना पुटो। ओना पलटेन गोडोडता उन्द उडिला मूंज इगा इच्चोन ज्यादाविटाह कित्त

अनिन माट ताना बाताय बरा नोकसान किया परवाड़। तेना किरता इद माने-मायना आंद, और मानेय नकान लाव बितालोर आँदुर। इदामने ओरा संग होंग केवाय सीतान ओरकुन मलीहचीयना आँद अनिन ओरा संग मति वोदे मायना आँद।

विभीसेनना इद पोलोय रावोनीन कानाह नेहना आयो आत। और इत्तुर "निम्मा नावा उडिलोर आन्दीन। अपुना अरले-अरवा नन्ना पुन्तोना। निया बुतो (काम) आँद। नन्ना बाता कियाकान। उडिलोर 'तम्मोर आयनात्य कानाह निम्मा नाना संग हीम अनिन अवडे नाकुन लाव हीम।"

इदेन केंजस विभीसेन इत्तुर—"महराज बरहोर दादाल आयनात्क कानाह निम्मा नावा बाबोन लेहका आँदीन। मति बगा अवधरम अनिन पापा ओहबानाह आन्ता, अग्गा नन्ना अपुना पोलोय इन्वालेहा मन्दा परोन। सीतान जाड़पना अनिन कल्स तताना अवधरमता पोलोय आंद। निम्मा राम लचमनना संग लड़ीय कीस तवेन आत्तेक, अडराय। आत्तेक बरा अदेन सुर-वाल इनेर। पेर सीताल नियागा मन्दालास रुजू आयो। ताना मनलेवा निम्मा तान बदाम तास परकीन ? तेन विड़िचसीन, बद पोलोय इजेक आता। अवडें बरा राज सासतेर अनिन धरमसासतर इद इन्ता माट सीतान मलीहचेवीट।"

विभीसेननंग इव पोलोइंग केंजस् रावोन होंग्त्क कानाह कसिंगतुर। ओर ओस्सान निच्चीन निन्दले कचोराते विभीसेननी गुम्चतुर। लाव मेंडलातते हाहतुर अनिन इत्तुर" "पापी निम्मा नावात्क ले उडिलोन आवयीन वयरी आँदीन। बोर बयरीना मुन्ने कमेक मन्दालास अनिल रुजू नामा आयलास सूल हिन्तोन। पसीस हन नावागडाह।

उडिलोर तम्मोर माने मास नन्ना नीक विडिचसीन्तोना। आयवेक निया तलाय नेदे गोडरे मायवाड़।"

इच्चोन निसमार आस बरा विभीसेन जमने इत्तुर—"महराज, नन्ना नीकुन निवाय हियाला लेहकाड़ा सूल हीस मन्दान। मति निम्मा अपुना लावता डोंगते तान एत केवाय् नाक निसमार कित्तोन। मति इजेक बरा नन्ना इन्तोना निवाय निया वड़का हिल्ले अनिन नन्ना अवधरम वड़का मन्दा परोन। नन्ना अपुना लावमेंड सहे कित्तान अनिन नोकुन समजाह कित्तान। नन्ना नियागाडाह बिदा

पइन्तोना अनिन सिरीराम नगा दान्तोना। हन्नेक-हन्नेक नीक पेर इन्दाना इजेक बरा मवका मन्ता। निम्मा उवाट कीम अनिन निवायते ताका।''

इच्वोन इंज विभीसेन रावोनना कचोराताह तेद्स हत्तुर अनिन कसुमने समुन्द वण्डस रामचन्दराना डराते अवतुर :

बच्चो पाहर मूस्क विभीसेनोन बायनातुन हड़तुन अस्के नकान वरीयतुंग अनिन रामचन्दरानगा अवत्तुंग। वेहमुड़-कित्तुँग। लंकातोर राजाल रावोनना तम्मोर वान्तोर। बगान आर मावा पटाड़ लड़ीय केवोर बाह ?

राम सेटे मुडुन कमेक कित्तुर। विभीसेननंग पोलाइंग हनुमाननाह ओर पुंज मन्दुर। इदरामने मूस्क कुन इत्तुर—''निम्माट कमेक मण्ट। विभीसेन रावोनना तम्मोरकचित आँदुर मति मति मीत आंदुर। वेन मानते पड़गाह किम्ट।''

विभीसेन कसुमने रामचन्दराना मोराल अवत्तुर। मानता संग ओन कोड़वबड़त्तुर अनिन इत्तुर—''सिरीराम नन्ना लंकातोर राजाल राबोनना तम्मोर विभीसेन आन्दान। नन्ना नावा दादान समजाह कियालास उवाट कितान। ओर अवधरम कित्तोर। सोतान नियागा लोह्च निवायता काम केवेर मति ओरनिन्दले कचोराते नावा निसमार कित्तुर अनिन लात हाहतुर। नन्ना अवधरमता संग

हियाना सेती निवायता संग पयना नेहना समजे मात्तान अनिन नन्ना निया गोहोरते वात्तान।''

राम विभीसेनीन ओरंगस जोहार कित्तुर अनिन लचमन अनिन सुगरीव इत्तुर—''वेर नावा मीत आन्दुर अनिन लंकातोर राजाल आन्दुर वेन बरा राजगादीते उपीहना आयार।'' इच्चोन इंज तुरते विभीसेनना राज-गादी माड़ाह कीस लंका तोर राजाल पन्डसीतुर। विभीसेन नकान गिरदा आतुर।

इजेक सपोय जुहे मास उवाट किया विडियतुर मुन्ने बाह आयार? समुन्दतुन बदाम वन्डना आयार? रामचन्दराल इत्तुर—''नन्ना समुन्दतुन अरजी कियाकान। अद माक लंका अवनाह दायलास हर हेवी। मतिअद माने मायो आत्तेक नन्ना उपास कियाकान।'' मति लचमनोन इद पोलोय ओपो। ओर इत्तुर—''उपासते बाताय आयो आयार/अद माजे मायो आत्तेक आगीन बान पेह्चस तान वतीहचियाकान।'' मति राम सेटे मुडून मानाह—बुजाह कीस मुन्ने समुन्दतुन अरजी कियाना नेहना समजे मात्तुर।

सिरीराम समुन्दता ओदा अवत्तुर। और समुन्दतुन हर हियालास अरजी कित्तुर। मति समुन्द बारा किया केंजबाड़? अद उन्द लावता जेल पेह्चसीन रामचन्दरान नाहचीत। अस्के रामचन्दराल इत्तुर—''नन्ना इगा मून्ड दियाँग

अवनाह उपास कियाकान'' इह इंज ओर गींग (रोन्डा) ता पटाड़ कुत्तुल कोराँग कीस उद्दीतुर अनिन सपोय मुल गिरदाते हुड़सोर मन्दुर। मुन्ड दियाँग

आत्त। मति समुन्द हर हेवो। अस्के लचमन इत्तुर—"दादा इदइहे माने-मायो आयार। टेकवितालासंग मयाते काम कियाना आयो। निम्मा विल्क-काडींग कयदे पय्म।"

रामइत्तुर—"लचमन निया इग्दाना नेहनाआंद। ताय। नावाँग काडींग विल्क हीम। इजेक नन्ना समुन्दता सपोय एरतुन इड़कीहिन्तोना।" इच्चोन इंज बदाम रामचन्दराल विद्दे कांड़ आंदे कित्तुर। समुन्द मोहर्कना संग रामना मुन्ने नित्त अनिन इत्त—"माप किसीम। नावा एरतुन ऊतोतेक नावा लोप्पा मन्दानांग सेटे काजेर्क हायनुंग। नीकुन नन्ना उन्द उवाट वेहीन्तोना। निम्मा नाना पोरो पुलपन्डा। निया पलटेन गोहो-डले नल अनिन नील पोरोयतोर इर्बुरास नक्कान टिकामनोर मिसतरीलोर मन्तोर। ओरकुन पुल पन्डनाने जाम लागो आयार। नन्ना पुल निवड़े मानाच कमेक मन्दाकान। अदेना परके नियापलटेन गोहोड वण्डतुर।"

पुल पन्डना मूड़आत्त अनिन रामचन्दराल अपुना संगतोरकुन इत्तुर—"बस्के अद निवड मात आतेक अस्के इद डेरा नक्कान ओप्पयार। नावा उवाट मन्ता इगा बगवान सँकरना उन्दू गुड्ड पन्डीत। रामचन्दराना इद उवाट सेटे मुड्डन नकान पसाँग वात। अस्के उन्द नेहना हुड़स रामचन्दराल उन्द गुड्ड पन्डीहत्तुर अनिन अग्गा बगवान संकरना मूरीते माडाहकित्तुर। राम लचमन ना संग सपोयपुल सँकरीन काड़वड़तुर अनिन लंकातके दायलास

जोंग आत्तुर। सेटे मूस्क गोहोडता पलटेन अपुना-अपुना मुकयालोरा सँगते कोलार किसोर नकान गिरदाते पुल पन्ड मूड़ कित्तुर। रामचन्दराल—लचमन सुगरीव विभीसेन-अंगद हनुमान मुन्ने-मुन्ने इत्तुर। नकान उचुके दियांग ने सपोय पलटेन गोहोड़ लंकाता ओदा अवत्तुर। अगा सुबेल मट्टाने रामचन्दराल डेरा कित्तुर।''

अध्याय – 16

लंकाते ओड़ियना

रावोनीन कबीर पुटत। रामचन्दराना पलटेन गोहोड लंकाता आदा रयत्ता। ओर सपोय पलटेन गोहोड़ अनिन ओनागाड़ोरा लड़ीय केवालोरा कबीर तत्तालास अपुनगड़ाह मोकेड़ मानेय लोहत्तुर। ओरा पोरोय सुक अनिन सारन मंद। बदाम ओर रामना पटेन गोहोड़ता कबीर ततालास अवत्तुर। ओरकुन सीन मात्तुर अनिन पयस राम अनिन लचमनना मुन्ने निल पीहत्तुर। राम ओर्कुन विड़चीहत्तुर अनिन इत्तुर—'पलटेन गोहोड़तुन तोहचीन वेरकुन ओसीम्ट।'' सुक अनिन सारन अस्के मल्स अपुना डेराते लंका अवत्तुर अनिन ओर रामचन्दराना पलटेन गोहोड़ अनिन ओना पड़्योह्कना पोलोय रावोनिन वेहतुर। अद उल्या ओरा पटाड़ अडराय गिरहा वात।

इदेन नडुम सुगरीय विभीसेन हनुमान जांबुवान, अंगद सपोय हर पन्ड्स लंकागड़ता उन्दहुड़ बेंडे कित्तुर अनिन ताना नालुंगआस हरींगनगा अपुनंग लाव वितीस्क मूस्क अनिन ओरा मुक्या लोरकुन ताससीत्तुर।

बस्के सपोय जोंग आतुर अस्के उवाट कित्तुर। लड़ीय बह मूड़ कियाना आयार ? सेटे मन्तरीलोर अनिन सूरयालोर कचोराने वास मंदुर। अग्गा जांबुवान हिल्ले मति वाताय उजाड़तंग पोलाइंग इन्दाना विचार किन्तोना। माक लड़ीय मूड़ कियानाता मुन्ने रावोननगा अपुनगाड़ोर मानेय लोहना आयार।—बोर राबोनीन हंज मानाह केबीर ओर मानता सँग सीतान मलीहचीत्तेक माट लड़ीय केवोम आयकोम। नावा सोरते अंगद इद बूतोतुन नक्कान ठिकाम किया परत्तुर।

जांबुवनना इद पोलोय सेटे मुडुन नकान पसाँग वास्त। अस्के रामचन्दराल अंगदीन अपुना हेरे केयत्तुर अनिन सपोय पोलोइंग समजाह कोस इत्तुर—

"निम्मा हँज रकसाल राजान रावोनीन मानाह कीम। ओर अवधरमतुन विड़िचसेवीर अनिन सीतान मल्लीहचीत्तेक माट मल्स दाकाड़। अगद रामचन्दराना परचो (असोस) हत्तुर। कलियसीन लंकातके हक्के रावोन बरीहलास अनिन विटाह कियालस उन्द गून कित्तुर। ओर रामचन्दराना लेहकाड़ा उन्द मोहा पन्डत्तुर अनिन असोक बगेचाते सीताना मोरोल माँडाह किसीत्तुर। जियक मंजरावोन बगेचाते नक्कान डोगँ पेहचसोर अवत्तुर अनिन सीतान इत्तुर—"सीता हुड़। लड़ीयते राम हात्तुर। इद आँद ओना तलाय। सीताल मुन्ने तल्लादुन हुड़स ओस्सान बकरे मात अनिन पेर अद अपरे किया मूड़ कित्त। अय राम इजेक नावा बाता गत (हाल) आयार? इद पापी रकसाल नाक हव्कयार। इद सत आत्तेक नन्ना बरा साँडे नियागा वान्तोना। निया लेवा नन्ना जीवोत मन्दा परोन।"

अच्चोन पाहार उन्द रकसाल वित्सवात्त अनिन इत्त—"रामचन्दरा पलटेन गोहोड़ नगाड़ाह मुन्नेता लेहकाड़ा उन्द माई मेन्दुदा मूँज वात। रजवाड़ाते राका अनिन निया संग बेटे माया परकीन्ता।"

सीतान अहे विड़िचसीन रावोन कचोराते हत्तुर। ओना परके तिरजटा रकसाल मुत्ते सीतान मानाह कित। इद आत्तेक रावोनना मयमा आँद। इजेक लड़ींय मूड़ बरा आयोये। राम हात्तुर वदाम? इजेक आत्तेक रामचन्दराना पलटेन गोहोड़ ताह उन्द मूंज रावोन नगा बेटे मायलास वात्ता। निम्मा कमेक आस अनिन अपरे केमा।

रावोन अपुना राज कचोराते अवत्तुर। अग्गा मन्तरीलोर कचोराते वालेर

अनिन लोतोर उद्स मन्दुर। रावोनना हुकुमुते राम नकेड़ाह बालेर अँगदीन कचोरातेर तत्तुर। ओन हुड़स रावोन पूचे मात्तुर—"अय मूँज निम्मा वोर आँदी?

अंगद तुरते इत्तुर—"नन्ना राजा रामना मानेय आँदान। नावा बाबोना संग निम्मा मीत लेहका आस मंदीन। इदरामने नन्ना उवाट कितान। नन्ना निया नेहनात्क कानाह बाताय पोलोइंग इन्दाकान अनिन रामचन्दराना कबीर बरा नीकुन वेहकान। निम्मा भाई लोतोन आंदीन। सेत बुद्ध वितालआँदीन। तपते अनिन लाव ते निम्मा इद राज कलियातोन। बरमाल अनिन संकर बगवाननाह नीकुन परचो बरा पुटता। निम्मा नक्कान लाव विताल अनिन पड़योन आँदीन। मति निम्मा उन्द अडराय बुत्तो कित्तोन। सिरोरामना आड़ सीत्तान निम्मा जाड़पसीन कल्स तत्तोन। राम नकान दुक अनिन अपरे किन्तोर। मति और नाक इद इन्दालास लोहत्तोर। निम्मा अपुना कीलेते अपरे कीस अनिन सीतान मानदानता संग मलीहचीत्तेक, ओर लंका विड़िचस दायनुर।"

अंगदाना पोलोइंग केंजस दप्त तल्लांग बित। रावोन इत्तुर "निम्मा बोर आँदी? पोलोइंग अत्तेक नव न माइंग-माइंग किन्तोनीन। अय दस तल्लांग बिताल, रावोन, निम्मा मूस्कना राजान बालीना पोरोय आत्तेक केंजत्तोन आयकीन। नन्ना ओनया मर आँदान। अँगद नावा पोरोय आँद।"

बालीना पोरोय केंज्स रावोन अपरे कित्तुर बदरामकि उचुकायो दियांग मुन्ने बालीना अनिन रावान लड़ीय आस मंद। अवडे बाली रावोनीन पयस अपुनगा ओस मन्दुर अनिन हाउंग नंलेस्क दोह च तास्स मन्दुर। अंगद अद पाहार उडिलोर मन्दुर। और ओन नकान गेदलाह किन्दुर अनिन इन्दुर।

पेर बाताय वरे लेवा और इत्तुर "अय अंगद इद वेहानिया मुकयान रामना पलटेन गोहोड़ते इदाम माइर-माइर पडूयोह्क बोर-बोर मन्तोर। वोर नावा संग लड़ीय कियापरनूर। नाक आत्तेक बोरे ओहनाह आयोर। निम्मा अनिन सुगरीव आत्तेक बेरेटा ओदाता मराता लेहका आँदीड़। विभीसेन डरपोकराहाल आँदुर। जांबुवान मुदयाल आत्तोर। नल-नील आत्तेक राजालोर आँदुर। ओर लड़ीय कियाना वारांग पुत्तोर? उन्द वाली पौरोयता मूँज मन्द। बद इग्गा बास मन्द अनिन नावा असोक बगेचातुन लेहचीत अनिन सअरतुन

पोतीह्च हंज मंद।''

अंगद इत्तुर ''निम्मा बोन वाली समजे मातोनीन ओर आतेक सुगरीव राजा नगाड़ोर बाता-पुत्तीतोर नवकोर आँदुर। नीक परचो पयना आतेक निम्मा आयवेक नियागाडोर बोरे बरा लाव विताल इद कादुन नेदाह तेह-चेवीर।''

इचोन इंज अगद कचोराते अपुना तिनांग कादुन माँडाह किसीतुर। रावोन होंग वात्त। और अपुनगाडोर पड़योह्ककुन इत्तुर हुड़ोन्तोरीर! बारांग कादुन पय्स इद मूँजतुन तेह्च कचोराता बाहिर अर्च सीम्ट।''

औकोह-औकोह कीस पड़योह्क तेदीत्तुर अनिन अंगदना कादुन तेहविडियत्तुर मति कोंजीहना आत्तेक जेक मन्द। अद वोनाते मलयो बरा। इदेन हुड़्स रावोनीन होंग वात। और अपनु राजगादीताह तेदीदुर अनिन अंगदना कल पय मूड़ कित्तुर। इच्चोटेन अंगद अपुना काल कोंजीहतुर अनिन पुँचाँग वाट्स इत्तुर ''भु! महापरभुनावा कादुन पयूस मापी तत्लीक-ह्कत्तेक काम आयो आयार। नीक आत्तेक रामना हेरे हंज अपुना कसुरत्क कानाह मापी तलीहकना लागयार।''

इचोन इंज अंगद तुरते कचोरालोताह पसीस रामचन्द राना डेरात्के वातुर। रावोन अपरे किसोर अपुना महादे हत्तुर। अग्गा ओना लोता मंदोदरीन अंगदना कबीर पुट्स मन्द। अद रावोननंग काल्ककुन पयत अनिन मानाह किया विडियत। निम्मा मुन्ने नक्कान धरमाती मन्दीन। अकिल बिताल मन्दीत। इजेक इद अडराय बूतोवरा किया किन्तोनीन। सीतान रामना हेरे ओकोम अनिन ओना संग मिले माम। मति रावोन पटाड़ तानांग पोलाइंग आटोंग। ओर मन्दोदरीन बहे बरा मानाह किया मूड़ कितुर अनिन पेर उन्ज इत्तुर।

अध्याय - 17

लड़ीयता मूड़

अंगद मल्स रामचन्दरान रावोनना संग वड़क लेंग सपोय पोलोइंगनुँग वेहत्तुर। ताना परके सिरीरामना पलटेन गोहोड़ नगाडोर सेटेमाइर-माइर पड़योह्क लड़ीयत्क कानाह जोंग आया विडियतुर। बोर बद डेराते मन्दानुर-इद सूल किया विडियत्तुर। उचुनायो अकिल बिताल जांबुबान तोड़ बिताल-लोर नल-नोल, गिरदा बिताल अंगद, सुरबाल सुगरीव, सतुर विमीसेन अनिन रोजाय जोंग आस मन्वाल हनुमान उवाट कीस अपुना पलटेन गोहोतुन नालुँग बटांगने तुसत्तुर अनिन लंकागड़दुन उन्दहुड़ताह बेंडे कियानाता उबाट कित्तुर। सेटे मूस्क रामचन्दरान अनिन लचमनीन कोड़वड़स मूस्कना राजाल सुगरीवीना हुकुम पयस लंकातुन बेंडे कियालास वित्तीतुर।

बोरे माई कल तेहच इत्तुर। बोरे माई मरा तेहकत्तुर। इहे बद-बोना कयदे वात। पयस इत्तुर।

बस्के बेंडे कियानाता बन्दबस्त नेहना आत्त अस्के राम लचमन विभीसेन सुगरीव अनिन हनुमान सुबेल मट्टाते तरंगस ओरांग डेरांगनुंग हुड़तुर। मट्टाताह लंका ता लोप्पाडांग सपोय विडरींग ओह नाह आंदुँग।

हक्के रावोन बरा हुड़तुर। मूस्क लंकागड़दुन उन्द हुड़ताह बेडे किताँग अस्के ओर बरा अपुनगाडोर सुरवास्क रकसास्ककुन जुहाह कित्तुर अनिन अपुना मर मेगनातीन पलटेन गोहोड़ता मुकयाल पन्डत्तुर अनिन पलटेन गोहोड़तुन नालुंग बागींगने तुस्स नालुँग आस माइंग हरींगना राकात्क अनिन मूस्ककुन पयस हव्वलास हुकुम हित्तुर।

रामना पिटो

रन्डास्क वड़काड़ांग पलटेन गोहोड़ लंकागड़दा बाहिर अनिन लोप्पाड़ाइ वास अपुना-अपुना डेराते नित्तुँग। रकसास्कनंग कारियाल मेंदुल, माई मोहा, अनिन मालयास्क मूस्क कारियास्क अड़स्क कुन हुड़स इदाम ओहनाइ आत्तुँग। माने माम्ट बूमते कारियाल। कम्कोल गुहरा मुच्चता। रकसास्कनंग विल्क-काडींग इदाम मांजदुँग बदाम बूमते पिर करसीन्ता। रकसास्क अनिन मूस्कना कोलार गुहराता मिडेहना लेहका पुनाह आंद। रकसाल राजाल रावोन अनिन मूस्क सिरी रामचन्दरान जय इंजोर केय विडियत्तुँग अनिन ओन असकुँडींग जोहार किन्दुँग।

इद कोलारंतुन केंजसीन लंका बिद-बिदे मात। उचुन मूल वरीय इक्के-हक्के वित्त मूड कित्तुर। बड़का मुल रावोनीन होंग आया मूड़ कित्तुर। और पोकहा अपुना तल्लादे बोज एतोर। रावोन इद गत तुन हुड़स रकसास्क कुन इत्तुर अव मूस्कना पटाड़ बलवा केवींग अनिन रन्डास वड़काड़ाह गड़द मसांग लड़ीय आत। रावोन अपुन लड़ीयता रेक-डेक किसोर मन्दुँर। ओर हुकुम हित्तुर। बद रकसाल लड़ीयता वित्तयार। ताना तल्लाय ओर अपुना कयदे कद्दसियानुर।

रामना पलटेन गोहोडते बोद डेराते अक्के मान्दुर, अग्गा हनुमान अँगद सुगरीब अपुनंग काडींग विल्क पयस अवन्दुर। हारे मालेर कुन हाडुस हिन्दुर अनिन रकसास्कुन हव्कस पुड़न्दुर। हनुमान बदे रकसाल पड़योरना संग वहचाड़ किया विडियन्दुर। बस्केन सुगरीव बोमाय सुदा लड़ीय किया विड़ियन्दुर। इदामने मूस्कना पलटेन गोहोड़ नककान गिरदा आन्दुँग।

इद लड़ीयता नडुम हुडत्तुर उन्द वड़काडाह नक्कान लावता ऊन्डुल पसीइनता अनिन अग्गा बाताय ओहनाह आयो। मूस्क वित्तसार मँदुग। हनुमान अनिन अंगद तुरते हवके अवत्तुर ओन अवेन मल्लनाते जाम आयना हुड़स रामचन्दराल जीवा उइहत्तुर। ओर अपुना विद्देकाड़ आँदे कीस अद वड़का अस्सत्तुर। अवडे उन्दहुड वेहच आत ऊन्डुल अनिन आदार मायत। अद रकसास्कना मयमा मंद। मूस्कना डाड़ुस देइलास अनिन अग्गा तिहो-विहो कियालास कीस मन्दुर। हनुमान अनिन अंगद बरा अद डेरा ताह जीकस मल्तुर। इकाट आयना मूड़ आस मन्द। अदामने लचमनना हुकुमते बेंडे कीलेतुन

बिड़िचसीन अपुना-अपुना डेराने मल्लतुर। रामचन्दराल और सेटे मुडुन मया मेंड हुड़त्तुर अनिन कब्न गिरदाते मिठास पोलोइंग इत्तुर। मूस्क अपुना दुक-डण्डतुन मरींगतुँग अनिन तिहरे मातुँग।

इक्के रावोन हुड़त्तुर। नेटा लड़ीयते ओना वड़काडोर पलटेन गोहोड मार्स मन्दुर। ओर अपुना मन्तरीलोरकुन जुहाह कित्तुर अनिन उवाट किया विडियत्तुर। दूसोरदियात्क लड़ीयता कानाह बाह किया लागयार बवडे जीक पुटी माल्यावान रावोनना मुदियाल मन्तरी मंदुर। ओर रावोनीन समजाह कित्तुर बव मूस्ककुन नक्कान बाटलेर समजे मास मन्दीन, अवे निया वड़का पलटेन गोहोड़तुन मारीहतुँग। तेन निम्मा उवाट कीम्। अपुन टेकते रकसास्कना जीवा पोकहा दान्ता। इदेन केंज्स रावोन नक्कान होंग आतुर। ओर इत्तुर "माल्यवान निम्मा मुदियाल आत्तोनीन। तेन एत कीस विडिचसीन्तोना, आयवेक इग्गान वडेटुन कद्स मांडाह किसेवेनान। नन्नाइहनाह पोलोइंग कैंजता टकराहाल आयोन निम्मा नेहना (बलाई) परकीन्तोन आत्तेक इजेकेन नावागड़ाह पसीस ह्न।

माल्यवान अपुना मनते रावोनीत हौंग आसोर हत्तुर। अस्के रावोंनना पड़योर मर मेगनात, बोर इन्दरान जीक्समन्दुर अनिन तेन कानाह ओन इन्दरजीतयाल इन्दुर। राबोनना मोरोल वातुर अनिन इतुर। राबोनना मोरोल वातुर अनिन इतुर—"बाबा निम्मा कमेक मन। नन्ना आगरी बाताय इन्नोन। नाड़ नावा लाव निम्मा अपुनँग कोंडाँगने हुड़कोन। इजेक निम्मा सुसताह कीम अनिन लड़ीयता सेटे रेक टैक नावा पटाड़ विड़िचसीम।

रावोन अपुना मरीन सातीते ओर्गंतुर अनिन असीस परचो हीस इत्तुर—"वेटा वेर इर्वुरास तपकेवालोरकुन अनिन इव (वाटलेंग) मूस्ककुन बस्के नन्ना अपुनंग कोंडांगने तस-नस आयले हुड़ीन आयकान अस्के अवनाह नाक अस्तीर आयो आयार।"

अध्याय - 18

नायुम बान्दानताह बुच्कना

पंग पाताय साठ रन्डास वड़कनाह पलटेन मूल अपुना मुकयाना रेक-डेक ते लड़ीयना डेराते अवतुर। मेगनात बाताय साठ मूस्कना पटलेन गोहोड़ता पटाड़ लाव मेंड डेवत्तुर। बेके हन्दुर हक्के विद-बिदे मान्द। सेटे मूस्क अड़स्क, कोवेंग वित्त मूड कित्तुंग। हनुमान अगद सुगरीव बोरे अटकाह किया परोर। अस्के विभीसेन मेगनातना मुन्ने वातुर मति ओर बरा मेगनातनाह हारे मास मलत्तुर। बच्चो पाहार रामचन्दराल हुड़तुर, सेटे पलटेन गोहोड़त विद-बिदे मात्ता। ओर लचमनीन मेगनातना संग लड़ीय किया लोहत्तुर। लचमन हौंगे आस तुरते मेगनातना पटाड़ अनिन ओना पलटेन मुड्डा पटाड़ डेवतुर। लचमनना लड़ीयते मूस्ककुन पेर डाडुस वात। सेटे मुल जुहेमास रकसास्कना पटाड़ डेवत्तुंग। लचमन अनिन मेघनात उन्दीय बगजोरतोर पड़योह्क मन्दुर। ओर इवुंरास नालड़ीय हुड़नाह्कमन्द। वेना-ओना गावतुन नक्कान सतुरते पिसीह दुर। पलटेन गाहाडतंग दूसोर रकसास्क अनिन मूस्क अपुना लड़ीय कियाना मरींग्स। ओर इर्वुरासना लड़ीय हुड़ विडियन्दुर। बस्केन काड़ींग बिल्कने बस्केन गोवकांग-तरवारींग ने बस्केन तिरसुदे, वस्केन डन्डांगने ओना संग लड़ीय आया मूड़ आत्त। उचुनायो जाम अवनाह लड़ीय आत। लचमनीन उवुनायो जाम अवनाह मेगनातना संग लड़ीय कियानातुन हुड़त्तुर अस्के राम बराअगावातुर। ओर बरा मेगनात ना पटाड़ काड़ींग अस्स मूड़ कित्तुर। इर्वुरासना ओस्सान लड़ीय कियानातुन मेगनात आवराह किया परोर। ओर अपुना हारे माया विडियत्तुर। अपुना बाबो राबीनीन हारे मात्तेक बाता मोहा तोहकान। इद उवाट

कीस ओनागा इन्दराना हीले लाव पुट्स मन्द। तान मारेंगा पाहारते अर्चतुर। ताना अरर्चताय साठ तरास लेहकाड़ा काड़ पसीयत। अवडे राम अनिन लचमनना मेंदुल दोहे आत अनिन ओर दाया-बाया परोर अनिन ओरकुन ताउर पेहच मन्द।

नायुम बान्दानतुन आस्ससीन मेगनात गलजसोर (किरीकेयसोर) अनिन अपुना जीतता गिरदातुन हुड़स नक्कान जोरने कवसोर लंका अवत्तुर। राम अनिन लचमनना पेहचले परके हनुमान अंगद, विभीसेन सुगरीव जुहे मात्तुर। ओरा समजते वायो आँद बाह कियाकाड़। मूस्क वरोयसीन इक्के हुक्के मोक्क मूड़ किंत्तुग। सेटे पलटेन मुल जीवा उइहत्तुर। रामलचमनीन तावुर पायलेतुन हुड़स सेटे मुल (डहा) अपरे कित्तुर।

मेगनात इंज अपुना लावता अनिन राम लचमनना लड़ीयते गावेल आयले अनिन नायुम बन्दानते दोहनाता पोलोय रावोन केंजत्तुर। ओर गिरदाते मन्दा परोर। ओर अपुना मर मेगनातीन साती ते ओरंगत्तुर अनिल लंकाते तिहार माने—मायलास हुकुम हित्तुर।

सीताना पटाड़ अपुना लावता गोट उपहिमूड़ कित्तुर अनिन राम लचमनना अडराय रवकाता गत (हाल) तोइचीन। ताना मनतुग अपुनके पिडिंगलास रावोन तिरजटा पोरोयता रक्साल मुत्तेन बद सीताना राका मन्द अदेन इत्तुर। सोतान पुंगार जआजते उपीहच लड़ीय डेराते गावेल राम लचमनीन अनिन मेगनातना कयदे हायलेंग मूस्क गोहोड़ना पलटेन मुड्डा कलउ तुन तोहचीन ताय। तिरजटाल सीतान जआजते उपीहच अद डेराते ओत। बगाराम लचमनीन तावुर पेहच मन्द। मूस्के उन्द हुडताह बेंड़े कीस अपरेकिया विड़ियस मंदुग। सेटे सेत बुदतुन मरिंग्स मंदुंग। सीताल इद रवकातुन हुड़स वरीयत अनिन नक्कान अडराय डहा किया मूड़ कित्त। तिरजटाल सीतान मानाह कित्त अनिन कमेक कीस मलीहच असोक बगेचाते तत्त।

दुसोर दिया गरुम वात्त अनिन अद मुन्ने सिरी रामनंग गडलेंग काड़ींगनुंग टन्डस, ओना नायुम बान्दानतुन लेहचीत। नायुम बान्दानताह बुचकताह साठ सिरीराम तिहरे मात्तुर। मति बदाम ओना कोंडा गावेल अनिन तावुर पायले लचमनना पटाड़ अरत। ओर ओस्सान जीवा उइहत्तुर अनिन डहा किया मूड़

कित्तुर। विभीसेन सुग्रीव हनुमान सेटे ओन मानाह किया विडियत्तुर।

गरुन सिरीरामीन जोहार कित्त अनिन जिय्क मज लचमनना बरा नायुम बान्दानताह बुचकीहचोन तरिहकचीत। लचमनीन नेहना आयना हुड़स राम नक्कान गिरदा आत्तुर। और गरुनीन इत्तुर ''अय सगवार, नन्ना निया लागातुन मरिंग परोन अवकान। इद अटक-अरले पाहारते निम्मा माकुन पिसीहत्तीन।''

गरुर इत्तुर, बगवान इद नावा बुतो आंद। निम्मा तेन बाताय विचार केमा।'' इच्चोन इज गरुन रामचन्दरान कोड़वड़त अनिन विदा पय्स हत्त।

राम लचमनना नेहना आताय साठ सेटे मूस्क गोहोड़ता पलटेनते पेर गिरदा अनिन कोयमा वात। ओर मुन्नेता लड़ीयत्क कानाह जोंग किया विडियत्तुर।

बस्के रावोनीन कबीर पुट्त राम लचमन नायुम बान्दानताह बुचकत्तोर अनिन मूस्कना पलटेन गोहोड़ नकान गिरदा अनिन डाडुसते पेर लंका गड़दे लड़ीय किया लास वान्तोर। अस्के ओकोह-ओंकोह किसीन अजुनगाडोर कन्ना पड़योह्क गूमाछ, बजरदन्त, अंकपन, परहस्तीन लड़ीय बटते लोहत्तुर। मति वेटा लड़ीयते, इव सेटे पड़योह्क रकसास्ककुन हुनुमान, अंगद सुगरीव नलनील हव्कत्तुर।

रावोनीन बस्के इव माइंग-माइंग पड़योह्कना हायले कबीर कलियत्तुर अस्के ओर अपुना कयदे कडोंग विल्क अनिन गदा पयस लड़ीय बटने वात्तुर। मूस्क आत्तेक रकसालपलटेन गोहोड़ता इचो बरहोर पड़योह्कना हायना हुड़स कोयमा किया विडियस मंदुर। ओरकुन राबोनना लड़ीय बटते वायलेता कबीर पुटवाय मन्द। रावोनना मुन्नकेडागा सपले मुन्ने सुगरीव अर्तुर अस्के, ओर गददते उक्कतुर। अवडे ओचताप निसा वात। ओन अग्गान विड़िचसीन ओर मुन्ने वर्सतुर। अस्के हनुमान वातुर। हनुमान उन्द माई मट्टा रावोनना पटाड़ उक्कत्तुर मति रावोनना पटाड़ अरस अद परविरीयत्त। रावोन हनुमानना पटाड़ गद्दा उक्कतुर। अवडे तान जिय्कुट कानाह तावुर (सेतबुत मरिंगस मन्द) पेह्च मंद। रावोनना डाड़ुस इवडे नक्कान वरसत। ओर सुरवाह किसोर मूस्कना पलटेन गोहोड़त्के वर्ससोर इत्तुर। उचुन जेकते राम लचमनना संग उर-बेट आत्त। तम्मोर इर्वुंरास काडींगने ओना पटाड़ इदाम लड़ीय कित्तुर। ओना मुन्ने बरसना अटके मात अनिन ओर अपुन्क पिसीहलास नेत किया विडियत्तुर।

इच्चोडन पड़योह्क मूस्ककुन अपुन्क जुहे मालायस अनिन काड़ींग विल्क सकानाह कीस रावोनना पटाड़ लड़ीय कियालास पाग पुटत। राम-लचमनना गावते ओर नक्कान गावेल आत्तुर अनिन मूस्कना ओस्सान लड़ीय कियानातुन हुड़स ओर अकचके मात्तुर। ओर ओस्सान बूम पोरो परीयत्तुर अनिन ओर अपुनंग गुरकना लावते लड़ीय किया मूड़ कित्तुर। ओर इदामना काड़ अस्सत्तुर। अवडे मानेय अपुना सेत-बुद मरिंगत्तुर। लड़ीय बटते दुड़पे राम लचमन, अनिन हनुमान सुगराव अंगद, विभीसेन ओहनाह आँदुर। रावोन आत्तेक बोरे ओहनाह आयोर आदुर। अपुना इद गुर्कंना मयमा बिगराह (मोंजीह्च) कीस रावोन लंकाते हत्तुर।

इक्के रामचन्दराल हुड़त्तुर। रावोनना इव गुर्कना मयमाते मूँज-गोहोड़ नक्कान बिटे मातांग। अस्के उन्द काड़ अस्सीन सेटे गुर्कना मयमातुन कांजीहचीतुर। अस्के अग्गा राम लचमन हनुमान अंगद विभीसेन सुगरीव जाँबुबान ओंकोंह ओंकोह तोइनाह आत्तुर। सेटे रकसास्क रावोनना संग लंका हंज मन्दुंग। गुरकना मयमा काँजले पाहार मूँज गोहोड़ नक्कान गिरदा आत्तुंग। राम-लचमन सेटे मुडुन लड़ीयते वाह कियालास अनिन रोमलास इत्तुर अनिन अपुना डेराते हत्तुर।

अध्याय - 19

कुम्भकरनना लड़ीय

कुम्भकरन रावोनत्क उडिलोर तम्मोर मन्दुर। मेंदुल हुड़तेक ओना मट्टा लेहका मन्द। ओना मेंदुल इच्चोन माई मँद। ओर सेताय मत्तेक मुलुरास सेटे पिरतीन बिटे मायवाड़। बस्के तम्मोर मुवुरास तप कीस बरमान गिरदा कित्तुर अनिन अद वेरकुन परचो तलीहकलास इत्त। अस्के रावोन अपुन्कना पड़योर माने मास इद परचो तलीह-कत्तुर। मूस्क अनिन मानेय्ककुन बिड़िचसीन और वबडेन बरा हाया परमाकीर। बस्के कुँमकरनना पारी अव्त अस्के बरमाल उबाट कित्तुर। इद रकसाल सेताय मत्तेक पिरती तस-नस आयार। इच्चोन तंज तिन्दाना विडार बगाडाह पुटयार। मति ओर गिरदा आस मन्दुर अनिन परचो तलीहकलास इंज मंदुर। अदेन ओर सरसतोन इत्तुर निम्मा कुँमकरना वंजेटे इदाम उद्स बन्दाक तलीहकना पाहार ओना वंजेर तड़पना आई। वेर इन्दरना गादी तलीहकना उवाट कित्तोर। बाता तलीहकनुर नाक हियाना लगायार। इदाम ने एत कियाक। हक्के इन्दरना गादी तलीहकलासता किरया मन्दुर। बस्के बरमाल इत्तुर—"कुमकरन परचो तलीहका। नन्ना गिरदा आत्तोना।"

कुँभकरन बरमान कोड़वड़त्तुर अनिन परचो तलीहकलास आँगीलत्तुर। अच्चोने पर ओना रोड्डताह टप्पी पसीयत—"बरमा पेन (तादो) निम्मा गिरदा आत्तोन आत्तेक नाक गूड़ना गादी हीम।"

बरमाल तुरते "इहे आई" इत्तुर अनिन अजाम पत्ता मायत्तुर। कुँभकरनीन बस्के सुरता वात अनिन कबीर पुट्त ओन आत्तेक इन्दरना गादीता सेती गूड़ना-गादी पुट्ता अच्चा पाहार किसे वरतुर। मति किसे-वरतेक बाता आयार।

मूड़ना–गादी कलिस ओन इदाम उसकाड़ वाया मूड़ आत। ओर हरुंग–नलेस्क अवनाह ओस्सान उन्जसार मन्दुर। ओन तेहलास इदामायो कोलार किया लागीन्ता। नंगोरांग मोहीरांग नेकीन्तोर। रकसाल गोहोड़ कोलार किन्तोर। ओन इदामायो कुलागीन्ता अस्के ओना उसकाड़ पाके मान्ता। उसकाड़ पाके माताय साठ ओन कर्रं वसीन्ता। इहने तेहनाता मुन्ने ओन्क कानाह, बानीबानीतंग डिगींगं–डिगींग तिन्दाना विडार जुहाह कीस मन्नोर।

लड़ीयताह मल्स रावोन अपुना मरादे वातुर। नेटा लड़ीय हुड़स ओर उवाट कित्तुर। कुम्भकरन तम्मोन तेह लागयार। ओरे इदामनोर आँदुर। बोर सेटे मूस्क अनिन तपकेवालोरा संग वह्स परीन्तोर। इद उवाट कीस कुँभकरनीन सेताह कियालास अपुनगाडोर मन्तरीलोर अनिन रकसास्क पड़्योह्क कुन लोहत्तुर।

पक्काय जामते कुँभकरनीन सेताह कीत्तुर। गाटो तिहतुर। तिन्ले–उन्ले परके ओर मन्तरीलोरकुन पूचे मातुर ''बाता पोलोय आँद ?'' सेटे मुल वेहत्तुर। ''बदाम रावोन रामना आड़ सीतान कल्स ततोर अनिन इजेक रावोनना अनिन रामना लड़ीय मूड़ आता। रावोन कचोराते उदीतोर। अग्गा नीक केयतोर।''

कुंभकरन रावोनना कचोराते हत्तुर। कचोरातेवालेर सेटे मूल तेद्स ओना मान (पड़गाह) कित्तुर। सपोय मुड्डा उदले परके कुंभकरन पूचे मातुर— ''दादा बाता पोलोय आंद ? निम्मा नक्कान उडिला जीवा उइहताप हुड़ीन्तोन।

रावोन सेटे पोलोय वेहत्तुर अनिन इत्तुर ''नेंड नीकुन लड़ीय कियालास दायना लागयार।''

कुँभकरन इत्तुर ''दादा पोलीय उड्डुन तल्लता। इच्वोन सपोय आयनाता मुन्नेनिम्मा नाक तेहच वेहेनीन आतेक नन्ना सपोय नेहना किसेबेनान। अनिन इद पोलोय वाया हेवोन आयेनान। असल इद अवधरम आता मति बस्के पोलाय इच्वोन वरसता। इजेक अवडे परके कोंजना आयो। नन्ना लड़ीयते दान्तोना। निम्मा किसे वरमा।''

इच्वोन इंज कुँभकरन लडी़य किया हत्तुर। रावोन ओना सग उचुनायो मुल आचलेर पड़योह्कना पलटेन गोहोड़ पन्डसीत्तुर। लड़ीय बटते बाताय साठ कुँभकरनना मुन्ने हनुमान सग लड़ी आत। हनुमान ओना पटाड़ कल्क

वाट मूड़ कित्तुर। इदेन हुड़स कुँभकरन हनुमानीन पय्स अहचत्तुर। कुँभकरन गावते हनुमान नेदे मुटत्तुर। इदेन हुड़स सुगरीव बोर मोरोत्ल निच्च मन्दुर। कुँभकरनत्के डेवत्तुर अनिन ओर उन्द माई मट्टा कुंभकरनना पटाड़ अर्चतुर। ताना पर्के कुँभकरन तिरसुदे सुगरीवना पटाड़ वदतुर। अचोने पाहार हनुमान

डेव्स तिरसुदुन पयन्तुर अनिन तान मिन्डांगना नडुम कीस ओरीहचीत्तुर। इदेन हुड़स मूस्क नकान गिरदा आप्तंग अनिन हनुमान 'जय-जय इन्दा' मुड़ किंत्तुग। तेन हुड़स कुँभकरनीन इदमायौ होंग वात। ओर उन्द कल तेहच सुगरीवना पटाड़ हउकतुर। अवडे सुगरीव तर मरे मास मुटतुर। तान हुड़स रकसाल गोहोड़ता पलटेन नकान गिरदा आत्त। कुंभकरन सुगरीबीन तेह्च लंकातके ओत्तुर। वस्के सुगरीव तरिकत्तुर अस्के ओर अपुनंग इड़स्कने तानांग कव्वींग अनिन टोड्डतुन ईड़कतुर अनिन डेस ओना पयलेतगाडाह पुचकतुर। कुँभकरनना मेंदुल नत्तुरते सड़ो-बोड़ो आत्त। इच्चोन लड़ोय कियानाते ओन इदामायो कर्र वस्त। मति तिन्दालास अग्गा बारांग पुटवाड़। ओर मूस्क अनिन अड़स्ककुन पयस-पयस तिन्दा विडियत्तुर। उंचुन मुडून तिंज मारीहच ओर लचमनत्के वरसतुर। लचमन मुन्नेन जोंग आस मन्दुर। ओन ओर इत्तुर-लचमन निम्मा इजेक पेकाल आँदीन। नन्ना निया संग बारा किया वहचकान। राम बग्गा मन्तोर। वेहा नन्ना ओना संग रेह्क-रेह्क क्यक लड़ीय किया परीन्तोना।"

इदेन केंज्स लचमन कव्स इत्तुर "निया लाव आत्तेक इजेक हुड़तीना। सुगरीव नीक इच्चोन विटाह कीस मन्दुर। मान्तेर रामचन्दरा ना संग निम्मा लड़ीय किया परकीन्तोनी आत्तेक ओर बरा इजेक इग्गा वायनुर।"

लचमन अनिन कुंभकरनना संग इव पोलोइंग आसीरे मन्दुँग सिरीराम हक्केन वातुर। रामचन्दरान हुड़स सुरवाह कीस कुँभकरन ओना पटाड़ डेवतुर। रामचन्दराल ओस्सान सातटाड़ काड़ींग अस्सतुर। कुँभकरन इवडे विदके मातुर (वरीयतुर)। ओर उन्द माई मट्टातुन तेहच सिरीरामना पटाड हउक्तुर। सिरीराम हुड़त्तुर वेना सुंदा करसताय कित्तेक बाताय पुटना आयो। इदरामने ओर कुंभकरनना तिनांग कयदुर कद्दोतुर। इवडे कुँभकरन उन्द कयदे ताड़ता डंगाल मरा तेह्कत्तुर अनिन ओस रामना पटाड़ वाटतुर। राम ओना पिसले कयदुन बरा कद्दसीतुर। इच्चोडेन कुँभकरना कह्चसोर सिरीरामना पटाड़ अर्तुर। अस्के राम ओनांग रन्डास्क कल्ककुन गोदीतुर। इच्चोडे बरा पापी रकसाल सिरीरामीन तिन्दालास अहचसोर मंद। इजेक सिरीराम ओना टोड्डने काड़ींग नेहचीतुर अनिन ओना तल्लादुन कद्दसीत्तुर। इदेन हुड़स सेठे मूस्कने गिरदाता वडीय विगरे मात्त। ओर सेटे सिरी रामना लड़ीय कियानातुन पसंग कित्तुर। सेटे रकसास्क वरीय वित्तीतुँग।

अध्याय - 20

मेगनातीन हव्कना

कुँभकरनना हायलेता कबीर बदाम रावोन केंजत्तु। ओन किसे वइनत्क कानाह तावुर पेहचत। सेटे लंकातोर किसे वह विडियत्तुर। कुँभकरन कन्ना पड़योर मन्दुर। जियुक मंज रावोनना तावुर पेहचले कोंज्त ओर सूल किया विडियत्तुर। इजेक मुन्नेता लड़ीय बदाम आयार। ओना मेंदुदे वरे समे मास मद। वेर इर्वुरास किनी-पुतीतोर मानेय आयोर मति ओना डोंग ओना हरदे बादे मांद। ओर अपुनंग नालवुरास मकँ-नारंतक, तिरसिरा, अतिकाय। ओर महीदरीन लड़ीय वटत्के लोहत्तुर। तम्मोर नालवुरास अपुना बाबोन जीकनाता टप्पी ता्स लड़ीय बटत्के इत्तुर।

लड़ीय बटते अवताय साठ नालवुरास पड़योह्क अनिन रकसाल गोहोड़ता पलटेन मूस्क अनिन ओरा मुक्यालोरा संग लड़ीय किया विडियत्तुर। गड़द मसांग लड़ीय आसोर मंद। मारेंगाते अंगदना गावते नरांतक हात्तुर। ओना कबीर केंजसीन पिसलेर मुवुरास तम्मोहक अंगदना पटाड़ डेवतुर। अंगदीन रकसास्कना नडुल अर्ले हुड़स हनुमान अपुनंग मूस्ककुन पयस अंगदीन पिसीह लास अबत्तुर। इदेन हुड़स तिरसिराल अपुना तिरसूल हनुमान वा साती ते वद्रीतुर। मान्तेर हनुमान गावतुन वुचकी हत्तुर। अस्के तिरसिराल हनुमाननके तरवार पयस डेवत्तुर। मति हनुमान तिरसिरान पयस वड़ेटुन पिसकत्तुर ओनाय तरवारते ओना हव्कत्तुर।

तिरसिराना हायले हुड़स अतिकायीन नक्कान होंग वात। ओर मूस्कना संग उन्दहुड़ता लड़ीय किया विडियत्तुर। ओना लड़ीयते मस्क वरीयतुँग अनिन बित्तस-वित्तस रामनगा हत्तुँग। इत्तुँग—"इद आत्तेक मेगनातना वगजोरत्तोर

पड़योर रक्साल आंद। इवडे निम्माय पिसीहा।'' सिरीराम अतिकायना पोलोय विभीसेनीन पूचे मात्तुर। और वेहतुर। वेर रावोनना नक्कान लाव विताल मर आन्दुर। वेन बरमाल परचोते रत अनिन कवच (डाल) हिता। अदरामने ओर जीकोन्तोर।

इद वड़कसोरे मन्दुर अतिकाय रामना मोरोल अवत्तुर अनिन ओन होंगतंग पालाइंग इज ओन लडीयत्क सुरवाह कित्तुर। इदेन हुड़स लचमनीन नकान होंग वात अनिन ओर काड़ींग अस्ससोन अतिकायना मेंदुदुन बुकांग किसीत्तुर। अतिकाय तपने अवेन कोंजीहत्तुर अनिन लचमनना पटाड़ वच्चोके काड़ींग अस्सतुर। मति लचमन अक–चके मायोर। इहे उचुनायो जाय अवनाह इर्वुरास पडयोह्क संग लड़ीय आसोर मंद। इर्वुंरास वेनांग–ओनाँग काड़ींग विल्ककुन नक्का लाव अनिन सतुरते कद्दीन्दुर।

इदे नड़ुम हनुमान अनिन अंगदना संग लड़ीय कियानाते महोदरीन हव्कत्तुर। अस्के अतिकायीन इदेना कबीर पुटत। इहने ओर नक्कान होंग आत्तुर अनिन ओर लचमनना पटाड़ (लाब) गुरकना लाव पेहचत्तुर। लचमन तान बरा

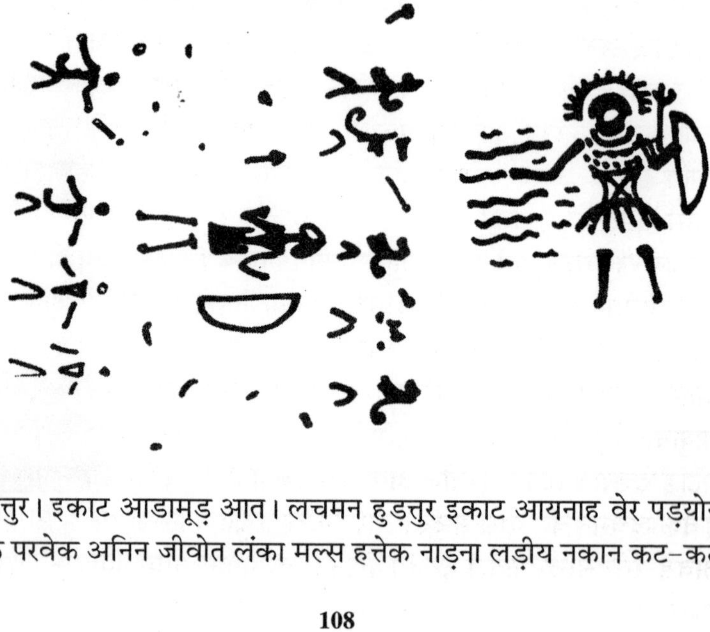

कद्दीत्तुर। इकाट आडामूड़ आत। लचमन हुड़त्तुर इकाट आयनाह वेर पड़योन हव्क परवेक अनिन जीवोत लंका मल्स हत्तेक नाड़ना लड़ीय नकान कट–कट

(मुसकुल) आयार। अच्चोंने पाहार विभीसेन वास वेहत्तुर। वेन बरमाना परचा पुट्ता। वेर बरमा गुरकने हायनूर। वेन बलेन जाम अवनाह जीवोत मन्दा हियाना नेहना आयो। इदेन केंज्स लचमन बेरमान सुमरे कीस बरम गुर्ककुन ओना पटाड़ पेहचत्तुर। अतिकाय अवेन अटकाह किसुड़त्तुर मति अवेन अटकाय किया परोर अनिन ओना जीवा अग्गान हत्त।

अद दियाता लड़ीयते इह रावोननंग नालवुरास मर्क हात्तुर। बप्के लंकाने इद पोलोय अव्त अस्के रावोनना दुकतुन वड़कना बारॉंग। कुँभकरनना दुकतुन मरिंगवाय मन्दुर। इद कबीर मेंदुदुन बुका कियाना लेहकाडा मंद। इजेक ओर हारे मायवालोरा लेहका अपुना सेटे विडार होड़ते पेहचनास जोंग आत्तुर। ओर मेगनातीन केयतुर अनिन ओनांग तम्मोर नालवुरासना कबीर वेहत्तुर। केज्स मेगनात नक्कान होंग आत्तुर अनिन ओर तुरते लड़ीय बटने दायलास जोंग आत्तुर।

लड़ीयते दायना मुन्ने ओर गुरकना मयमाते उन्द्र सीताना लेहकाड़ा आड़ पन्डत्तुर अनिन दोड़गीहचोर लड़ीय बटते ओत्तुर। अद सीतान नक्कान दोड़गस-दोड़गस किल्लसोर मंद। राम-लचमन आड़दा किल्लना केंजस लोताह पसीयतुर अनिन लड़ीय बटत्के इत्तुर। ओर हुड़तुर मेगनात सीतान दोड़गीहचोर इन्तोर— "केया राम-लचमनीन। वास नीक विड़िचीहीर। मेगनात हुड़त्तुर। रामलचकन तान हुडोन्तोर। अस्के ओर तरवारते अद सीताना मेंन्दुदुन गोंदा किसीतुर। इदेन हुड़स रामलचमन पटाड़ पुस-गुड़म अरताप आत। इत्तुर—'बद सीतान माट कित्ताड़ तान पापी मेगतात हव्कतुर। इजेक लड़ीय किसेक बाता अवयार।

इह राम-लचमन डहा किसोर मन्दुर। मेगतानना सुरवाह कियानातुन केज्स विभौसेन वातुर अनिन इत्तुर—'सिरीराम निम्मा डहा केमा। इद मूड़याल सीताल आयो। सीतान पटाड़ कय तेहनाता डाडुस बीनागान बरा हिल्ले। अद आतेक नीकुन जाड़पलास मेगनात पन्डस मन्दुर। इदेन केंज्स लचमन मेगनातना पटाड़ डेवतुर। ओर नल-नील अंगद सुगरीवना लड़ीयते मुन्ने बिटे मास मंदुर। इचेक लचमन बरा वास मन्दुर। ओर इन्दरनगाड़ाह कलिय लेंग गुर्क पेचतुर। अवड़े सेटे मूस्क गावेल आतुँग अनिन लचमनीन तावुर पेहचत। लड़ीयते जियकुट कानाह सिमसाम आत। राम नक्कान जीवा उइहतुर।

इद सपोय हुड़स जांबुवान हुनुमानीन इत्तुर—“नीकुन तुरते डावांग (तल्ला) बासातके दायना लागयार। अगाडाह संजीवन पोदेला तता लागयार। ताना लेवा इव मूस्क अनिन लचमन पिस परोर। हनुमान तुरते डवांग वासात्के परीयस इत्तुर अनिन हिमालय मट्टाते अवतुर। मति सजीवन पोदेलातुन सीने माया परोर। अस्के दुड़पे मट्टा गोंदातुन तेह्च मल्स वात्तुर। अनिन ओर वस्के अयोदयाता पोरोराड़ परीयसोर मन्दुर अस्के भरतना कोंडा ओना पटाड़ अरत। भरतीन बरे समे मात। इद बोदे रकसाल आद। बद अयोदयाता तस-नस कियालास वाता। ओर तुरते विद्दे काड़ आँदे कीस अस्सत्तुर। हनुमान मट्टा गोंदाता संग अडींय अस्तुर अनिन तावुर पेहचत। अच्चोने पाहार ओना टोड्डताह लेंग पसीयत—“सिरीराम।” इद बाता राहु (कलेउ) वात। इजेक लचमन अनिन मूस्कना तावुर पेहच्ले बदाम कोंजयार। हनुमानना इद जीवा नोइहनंग पोलोइंग केंजस भरत अकचके मात्तुर। उवाट कित्तुर—“तम्मो राम लचमनना पटाड़ बाताय गिरहा बाता? वेर आत्तेक ओवाय मानेय (बगेत) आँदुर।”

जियकमंज हनुमानीन सेत वात। अस्के ओर उवाट किया विडियत्तुर। "नन्ना बगा अवतोना। नाक बोर गावेल कित्तोर। इगा मोरोदे उदलेर सिरी रामना मोहा विताल बोर आँदुर ? इद बरा रावोनना मयमा बाह आयो ?" भरत इत्तुर—"अय संगवार, निम्मा बोर आरी ? दादाल, राम अनिन लचमन बग्गा मन्तोर ? ओना पटाड़ बाताय गिरहा बाता बाह ? तावुर पेहचले पासर निम्मा बाताय इंजोर मन्दी। अवडे नन्ना पुत्तान। ओर बदे गिरहाते अरतोर। नाक सांडे वेहा।"

इव पोलोइंग केंजसीन हनुमानीन दड़दड़ा आत अनिन सिरीराम लेहकाड़ा मोहा अनिन ओना लेहकाड़ा रंग-डंग हुड़स हनुमान इत्तुर—"बगान निम्मा रामचन्दराना तम्मो भरत आयवी वाह ? सिरीरामना टोड्डताह माट ओन नक्कान वड़कनातुन केंजत्तोरोम।"

भरत इत्तुर—"नन्ना ओरे कोटाह करम वित्ताल भरत आंदान। तान किरता दादोल राम लचमन अनिन सीतान कोटुमता डण्ड तेहलागीन्ता। निम्मा नाक ओर पोलोइंज वेहा।"

अस्के हनुमान सीतान कल्लेतगाड़ा इजेक अवनाह ताह सेटे जीवा नोइहनंग पोलाइंग भरतीन वेहचोर केंजीहत्तुर अनिन इत्तुर—"इजेक नन्ना लंका बदाम साँडे अवकान ? अग्गा मूस्क गोहोड़ता पलटेन अनिन लचमनीन तावुर पेहचता। जान आत्तेक नेहना आयो आयार।"

भरत इत्तुर—"इजेक निम्मा नावा इद काड़ते उद्दा। इद नीक सीज रामनगा अवीहचीयार अनिन दादाल रामीन नावा जोहारत्क कानाह बिन्ती किसीयाकिन।" इच्चोन इंज भरत अपुना विद्दे लावते दायना काड़ आँदे कित्तर। हनुमान मट्टागोंदा संग ताना पटाड़ उदीतुर। भरत रामना पोरोय पय्स और अस्सत्तुर। जाम वसन लागो हनुमान लंकाते रामचन्दराना मोरोल अवत्तुर।

जांवुवान सजीवन पोदेला कुड्स लचमनीन अनिन मूस्ककुन मूस्कीहचीतुर। ताना इदाम मयमा मन्द। लचमनना संग सेटे मूस्क नेहना आतुँग। लचमनीन राम सातीते ओरंगत्तुर अनिन इत्तुर—"इद हनुमानना परताप आंद। इदेन कानाह निम्मा अनिन सेटे मूस्क नेहना आत्तीर। राम हनुमानीन बरा सातीते ओरंगत्तुर अनिन इत्तुर—"हनुमान निन्ना नावा कानाह भरतनत्कले बरा जादा नेहनोन आंदीन।

रामना पिटो

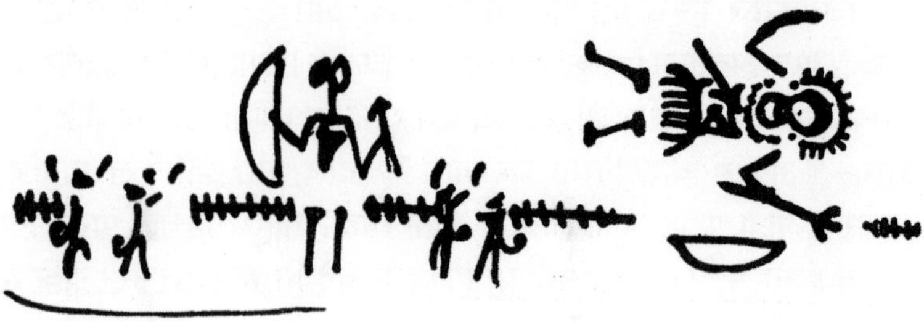

भरतना पोरोय केंजताय साठ हनुमान् आयोदयाते आयलेंग पोलोइंग रामीन वेहत्तुर। राम अनिन लचमन ओर गिरदाते आस केंजत्तुर। भरतना सुरता वात्तेक ओनांग कोंडांगते कनेरींग पोंगतुँग।

हक्के मेगनात जकिलास पूजा किया विड़ियस मन्दुर। अद पूजाता इदाम अड्डो मंद। ताना मारले परके (तान मारीहत्तेक) मेगनतीन दुनयातोर (पिरतीतोर) बोरे जीक परोर आयनुर। विभीसेनीन पूजाता कवीर पुट्त। अस्के ओर राम लचमनीन वेहत्तुर। इद जग (पूजा) तुन इह-इह कीहा आया हियाना आयो। रामना सूल (उवाट) ते लचमन सुगरीव हनुमान-सपोय लंकाते अवस ओना (जग) पूजातुन रन-बन कीस ओन लडीयत्क सुरवाह कित्तुर। हारे मास पूजातुन वड़का (आदोह) विडिचिसीन मेगनात वहचलस जोंग आत्तुर अनिन ओर सोज लचमनना पटाड़ डेवत्तुर। लचमन अनिन मेगनात उन्दी बगजोरतोर पड़योह्क मन्दुर। मुन्ने मुट्टकांगने इट्टी-इट्टा आसोर मन्दुर। पेर इर्वुरास तरवार पयस वहच विडियतुर। वहचनेक-वहचनेक ओर लंका सअरताह बाहिर वातुर। ओस्सान लचमन रामीन सुमरे कीस उन्द नक्कान लाव विती काड़ अपुना विद्दे आँदेकित्तुर अनिन मेगनातना सातीते अस्सत्तुर। काड़कसुमने सातीते गड्त अनिन मेगनात अग्गान मुट्सीन हात्तुर।

मेगनातना हायलेता कबीर केंज्स सेटे रामना पलटेन मुड्डुन गिरदा वात। बस्के लचमन रामना मोरोल अवत्तुर अस्के राम बरा सेटे पोलाइंग केंजस नक्कान गिरदा आत्तुर।

अध्याय – 21

रावोनीन हव्कना

मेगनातना हव्कलेना कबीरतेरा वोन नक्कान किसे वरत्तुर। ओर समजे मात्तुर। इजेक बोना आकुसता इद लड़ोय आयो। नाक लड़ीयते दाया लागयार। नन्रा वेरकुन किनी–पुत्तीतोर मानेय सबजे मास मन्दान, अद मरिंगस मन्दान मति पोलोय इच्वोन बरस मद इजेक सयकने मलीह परोर आन्दुर। इहने अपुनंग रानीस्कनाह बिदा पयस ओर अपुन लड़ीयबटतके हत्तुर। मूस्कना संग लड़ीय कीस ओर अवेन गावेल कित्तुर। ताना परके ओर अपुना गुर्क अर्चचीन मुन्ने लचमनीन अदमरा कित्तुर पेर रामचन्दराना पटाड़ लड़ीय किया विडियत्तुर। रामचन्दराल रावोनना लड़ीयतुन अटकाह कित्तुर अनिन ओना पटाड़ गाव पेहचतुर। इदे नडुम जांबुवान सजीवन पोदेलाता मयमाते लचमनीन नेहना कित्तुर। इक्के इन्दर हुड़त्तुर। रामचन्दराल नेलांग काल्कनेन रावोनना संग लड़ीय किन्तोर। अस्के ओर रामचन्दरान कानाह पेन्कन रत लोहत्तुर। इदे नडुम रावोनीन मुन्नें वातुर। हुडत्तुर। रामचन्दराल रावोनना तल्लादुन काड़ अस्सत्तुर। रावोनना तललाय दगत मति हुड़नेक–हुड़नेक अद डेराते पुनांग तल्लांग निवड़े मान्दुँग। अस्केन विभीसेन रामचन्दराना मोरोल वास वेहत्तुर। रावोनना मोड्डते आये अमरीत मन्ता। अमरीत कुँड ओरवा लेवा ओर आयोर आयनुर। ओन संकर बगवाननाह इदाम परचो पुट्ता।

रामचन्दराल कोड़ी मेंड उन्द काड़ींग ओस्सान विद्दे आँदे कित्तुर अनिन रावोननके अस्सत्तुर। अवडे उन्द काड़ रावोनना मोड्डते अनित अनिन मोड्डता अमरीत कुंड वतीत अनिन ओर जुरमुरे मास मुट्टत्तुर। रावोनना मुट्ताय साठ पेन्क, राम लचमन अनिन मूस्क गोहोड़ता वहचाड़ मुलना पटाड़ पुँगाह्क अरचत्तुर।

रामचन्दराल लचमन हनुमान अनिन सुगरीव सेटे मूल विभीसेनना। संग सअरते लोहत्तुर अनिन अग्गा ओना अड्डो मुरुमते राज–गादा ते उपीहचीत्तुर।

ताना परके विभीसेन सीतान तत्ता हात्तुर। रकसास्कना हट्टाते डोलीतगा उद्स सीताल रामचन्दराना मोरोल हत्त। सेटे मूस्क डेव्स–डेव्स सीतान हुड़लास उवाट किन्दुँग। मति डोली केहले आस मँद। अदामने ओर हुड़परोर आँदुर। इवडे रामचन्दराल विभीसेन इत्तुर। सपोय मूस्क सीतान हुड़ना मन मन्ता। तान नावा मोरोल ताकी हसोर ताट। इद पोलोयतुन कलियसीन सीताल डोलीताह रयत अनिन नेलांग काल्कने सिरीरामना मोरोल अवत।

पापी रकसास्कना हव्कलेते रामचन्दराल अनिन सीताना इद सगुन बेटे माइन पाहार पेन्क पुँगाह्क वाटतुँग। अनिन सपोय जुहेमास सिरीरामना ''जय–जय''इंजोर केय मूड़ कित्तुँग।

पेन्कना राजाल इन्दर गिरदा आस रामचन्दरान पूचे मातुर—''वेहा, इद पाहार नन्ना निया बाता सेवा किया परकीनतोना।''

रामचन्दराल इत्तुर—''बव मूस्क नावा कानाह वह्चसीन। अद लड़ीयते अपुना जीवांग हितांग। अव जीवे–मास तेदीतुँग।'' इदर इत्तुर ''इहे आयार।''

अस्के बारांग हुडीत्लोर बूमताह अमरीतता मुसुर आया मूड़ आत अनिन सेटे मूस्क जीवे मास तेददीतुँग अनिन सिरीरामना ''जय–जय'' केय विडियत्तुर।

विभीसेन बानी–बानोतंग तिन्दाना विडार अनिन गतलांग मूस्कना कानाह तइहत्तुर अनिन इत्तुर बोना बद विचार मन्ता अद पय्मट। बस्के सपोय मूड्डा पट्टा पजूत अनिन सेटे बुतो नेहना आत अस्के सिरीराम विभीसेनीन इत्तुर— ''इजेक माक साँडे अयोदया अवीहचीम। बह इत्तेक नावा अयोदया अवनाता

गड़ी (दियांग) मोरोल अवता अनिन नन्ना अद गड़ी (दिया) अग्गा अववेक, भरतीन नन्ना जीवोत कलियोन आयकान।''

पुँगार जआजते सुगरीव हनुमान अंगद नल–नील जांबुवान सपोय मूल सेटे म्स्क पड़योह्क विभीसेन अनिन सपोय मूँज गोहोड़ता वहचाड़ मुड्डा संग रामचन्दराल अयोदयातके परीयस हत्तुर।

जआज परयाग राजते भरदुवाजता डेराते रयतु। अग्गा ओर भरदुवाज वाबाना संग बेटे मात्तुर अनिन ओन भरत, अव्वाहारीस्कना अनिन रयत गुन्डा ता पोलाय पूचे मातुर। तेन पुंजीन सपोय नेहना मन्तोर। रामचन्दराल नक्कान गिरदा आत। ओर गुह पोरोयतोर राजानगा बरा कबीर लोहीहत्तुर। अगाडाह सेटे मुल पेर अयोदयातके हत्तुर। रामचन्दाल हनुमानना कयदे मुन्ने भरतनगा अपुना वायना कबीर लोह्च मंदुर। रामना वायना दिया (गड़ी) मोरोल अपस मंद। इदामने अहे सअरता बाहिर ओना हर हुड़सोर मंदुर। हनुमान वेहत्तुर। सिरीराम वान्तोर। सेटे मूडून सिरीराम जआजते बासीर ओहनाह आत्तुर। हुड़ने–हुड़नेक जहाज नेदे रयत। भरत काल्क बोयसीन जोहार कित्तुर। राम तेह्च भरतीन वड़ेटे ओरहत्तुर। भरत सिरीरामीन इत्तुर—''निम्मा नाक इच्चोक दियांग अपुना राजागदी ओपेकोस मन्दीन, इजेक निम्मा तेन पयम।''

इजेक सेटे मानेय सअरते ओड़ियलास इत्तुर। सिरीराम अनिन भरतना पड़गाह कियानाते सपोय अयोदयातोर पूकविसींग लेहका जुहे मास मन्दुर।

बच्चोके दियांग हुड़नाता परके अद नेहना दिया हुड़ पुट्स मन्द। अव्हारीस्ककुन अपुनांग मर्कनाह अनिन कोड़यास्ककुन अपुनंग आतोहारीस्कना संग बेटे मायनात्ता अद नेहना दिया (गड़ा) ता पोलोय वेह परनाह आयो।

तेना परके नेहना दिया हुड़स अनिन नेहना दिसा (सगुन) ते गुरु वसिस्ट रामचन्दरान राजगादीते उपीहत्तुर। अद दिया सपोय अयोदया सअरतोर गिरदा अनिन कोयमाते तिहार माने–मात्तुर अनिन मयाते वेना–ओना सुदा बेट–गाट कित्तुर। राम उचुकायो वरसांग अवनाह राज कित्तुर। वेन राजते रयत नक्कान गिरदाते अनिन वेरा माल–मत्ता (पिड़का) बारोबर बरससोर मन्द।

इति (मार्त)